50-60年代の
韓国金融改革と
財閥形成

「制度移植」の思わざる結果

内橋賢悟

新評論

50−60年代の韓国金融改革と財閥形成／目次

序　章　なぜ今、「1950−60年代の韓国経済」なのか ……………… 7

第1章　「制度移植」をめぐる研究史 …………………………… 17
　　　　──「特恵財閥」の成立過程を軸として
　　第1節　はじめに　18
　　第2節　研究史整理のための実証的基礎──財閥形成の萌芽　21
　　第3節　「制度移植」をめぐる諸論　26
　　　　3−1　国家独占資本主義論　26
　　　　3−2　周辺部資本主義論　28
　　　　3−3　植民地半封建社会構成体論と周辺部資本主義社会構成体論　29
　　　　3−4　従属的国家独占資本主義論　33
　　第4節　新古典派開発理論　35
　　　　4−1　輸出志向型工業化政策　35
　　　　4−2　輸出志向政策に先立つ1950年代「総合開発事業計画」　38
　　第5節　まとめ　42

第2章　援助経済下の「金融制度改革」 ………………………… 47
　　　　──1950年代韓国にみる「制度移植」の挫折
　　第1節　はじめに　48
　　　　1−1　「財閥」生成期の「金融制度改革」　48
　　　　1−2　「金融制度改革」分析の手法　50
　　第2節　「ブルームフィールド勧告」案の概要──「1950−56年勧告書」における論点　52
　　　　2−1　新体制移行と米国モデル　52
　　　　2−2　ブルームフィールド、ジェンセン「金融制度改革」構想　54
　　　　2−3　「新・中央銀行」創設構想　56

2―4　「金融通貨委員会」の構成　58
　　　2―5　「金融通貨委員会」構想の挫折　59
　第3節　「韓国財閥」の生成　62
　　　3―1　「間接金融」から「直接金融」への転換　62
　　　3―2　「政府帰属株」払下げがもたらした現実　67
　第4節　深まる韓米の亀裂と「金融民主化」　69
　　　4―1　李承晩政権と「タスカ報告書」　69
　　　4―2　独裁政権下の「援助経済」と「自立経済」　71
　　　4―3　ブルームフィールドらの歴史的実験の失敗　73
　第5節　まとめ　74

第3章　財閥の韓日比較史を通して　77
――1950年代対韓・対日改革の挫折の意味

　第1節　はじめに　78
　第2節　1950-60年代韓国資本主義の特異性――分析の史的意義　79
　第3節　韓日比較　81
　第4節　経済成長の始動とその自立性の検討　89
　　　4―1　「輸入代替工業化政策」から「輸出志向型工業化政策」への転換の内実　90
　　　4―2　各種「対韓援助」と韓国財閥の生成　95
　　　4―3　「金融制度改革」の挫折と韓国財閥　98
　第5節　まとめ　100

第4章　米国による対韓「制度移植」の矛盾とリスク　107
――「ブルームフィールド勧告」の挫折の過程

　第1節　はじめに　108
　第2節　解放直後の「制度移植」策の失敗　110
　　　2―1　「金融制度改革」の二重性　110
　　　2―2　均衡財政と金融健全化　112

目次

  2 ― 3 　「制度移植」策の混迷　114
 第3節　戦後復興期の「制度移植」策の失敗　118
  3 ― 1 　「韓国産業銀行法」　118
  3 ― 2 　援助輸入に支えられた自立的復興政策　121
  3 ― 3 　「勧告書」における三たびの修正　123
 第4節　まとめ　125

第5章　1960年代韓国にみる政策的連続性 … 129
――矛盾をはらんだ「韓国モデル」

 第1節　はじめに　130
 第2節　1960年代韓国経済発展の概要　131
 第3節　1950-60年代、その政策的連続性　Ⅰ　135
  3 ― 1 　「金融制度改革」の導入　135
  3 ― 2 　「金融制度改革」の行き詰まり　136
  3 ― 3 　「韓国産業銀行」の設立へ　137
 第4節　1950-60年代、その政策的連続性　Ⅱ　139
  4 ― 1 　復興期韓国における「UNKRA事業援助」の位置　139
  4 ― 2 　「経済第一主義」の歴史的意義　141
 第5節　まとめ　142

結論　対米従属が生む「矛盾をはらんだ成長」 … 149

参考文献一覧　155
あとがき　167
本書関連年表　169
事項索引　189
人名索引　194

初 出 誌 一 覧

序　章　「なぜ今、「1950－60年代の韓国経済」なのか」（書き下ろし）
第1章　「「50～60年代韓国資本主義」をめぐる研究史―「特恵財閥」の成立過程を軸として」アジア経営学会編『アジア経営研究』第11号、アジア経営学会、2005年5月20日を加筆修正。
第2章　「援助経済下の金融制度改革―1950年代韓国にみる制度移植の挫折」社團法人韓日經商學會編『韓日經商論集』29巻、社團法人韓日經商學會、2004年10月を加筆修正。
第3章　「韓国「特恵財閥」の特質―1950年代金融改革の挫折に遡って」神奈川大学大学院経済学研究科『研究論集』第38号、2003年12月を加筆修正。
第4章　「米国による対韓「制度移植」と韓国金融改革―50年代韓国資本主義にみる政策的「矛盾」」『流通科学大学論集－経済・経営情報編』第14巻、第3号、2005年3月を加筆修正。
第5章　「「復興期韓国」にみる政策的連続性とその矛盾―50年代金融改革の挫折を軸として」『流通科学大学論集－経済・経営情報編』第14巻、第2号、2004年11月を加筆修正。
結　論　「対米従属が生む「矛盾をはらんだ成長」」（書き下ろし）

50－60年代の
韓国金融改革と財閥形成

「制度移植」の思わざる結果

序章　なぜ今、「1950－60年代の韓国経済」なのか

第二次大戦終結後、日本の植民地支配（1910－45年）から脱した1950年代の韓国において、米国による「経済復興政策」、とりわけ「金融制度改革」の名のもとで展開された「制度移植」の試みが韓国内部に及ぼした影響については今日に至るもなお明確な研究が行われているとは言い難い。

　米国の影響下にある各国政府が乗り超えるべき今日の課題、それは急速に広がる経済のグローバル化、市場中心主義への対応策としていかに主体的な政策選択を行使し得るかという一言に集約されるが、その「負の先駆例」が第二次大戦後まもない韓国において示されていた。いわゆる「反共の砦」韓国に米国の軍事的・政治的世界戦略の一環として導入された「制度移植」の試みがそれである。

　当時、米国は自国型金融制度モデルとその理念を韓国に移し植えるべく、韓国政府に現行諸制度の「改革」を強く迫っていた。しかし、一国の諸制度をモデル化して他国の経済社会に定着させようとするこの「制度移植」の試みは容易に所期の目的を達成することができず、複雑な経緯を経て最終的には「挫折」するに至った。そしてその「挫折」が、時代を経て1960年代の軍事独裁政権下における飛躍的な経済発展をもたらす結果となった。

　「挫折」と「成長」を結ぶ大きな要因となったもの、それが「所有と経営の未分離」を特質とする韓国型「財閥」（以下「韓国財閥」）の存在である。韓国政府は当初、米国側の意図に沿った「制度移植」の導入には拒絶反応を示した。しかし一方では、破局的な国家財政のもとで米国型金融モデルの現地化をはからざるを得なかったため、これを受け入れた。このことが、その後の過程においては政権による強力な経済介入と財政界の癒着関係を伴って「韓国財閥」の生成・肥大化を促し、韓国国内のマクロ的経済動態に正負の影響を及ぼすところとなった。言い換えれば、米国の「制度移植」の試みとその挫折・失敗が、韓国政府をして自国の経済過程への大小の介入を常態化させ、韓国国内のマクロ的経済動態を「思わざる結果」に導いていったのである。

　以上をさらに制度論的主張に依拠しつつ敷衍するならば、「制度移植」の性質とその挫折がもたらした韓国における「思わざる結果」とは、おおよそ次のように説明することができる。

　一国の「制度」は、いずれの国においても固有の調整機能を持ち、時間的に

序章　なぜ今、「1950-60年代の韓国経済」なのか

も空間的にも入れ子構造（重層的特質）を形成している。たとえば、米国の「アングロサクソン型」の「制度」は、その持つ歴史・文化のもとで強固な個人主義的伝統に支えられた「契約」を前提に成立している。しかし、「制度」が持つその重層的特質により、この米国型制度を他国に移植した場合には次の理由で「移植」対象国の経済システムに変化を生じさせる。それは、「アングロサクソン型」の契約概念が新古典派経済学の想定する「合理的個人像」によって規定されていることと関係する。つまり、効率性に基づく人為的淘汰の原理を前提としたこの米国型制度の他国（異文化圏）への移植は、歴史的経済過程によって作り出された国家間の相違を極端に小さくしてしまうか、消去する懸念をはらんでいるということである。実際、米国の対韓「制度移植」においては、その弊害に対し韓国の経済社会から反発、拒絶反応を招いた。

のみならず、この対韓「制度移植」の試みは、「アングロサクソン型市場」を通じて「金融民主化」を定着させようとしたその意図とは反対に、韓国独裁政権の恣意的経済介入を許し、その後の韓国経済がたどる特異な発展パターン（「矛盾をはらんだ成長」）を規定する本源的要因ともなった。これが対韓「制度移植」の挫折によってもたらされた「思わざる結果」である。

本書では1950年代になされた米国の対韓「金融制度改革」に焦点をしぼり、こうした「制度移植」が及ぼす負の影響について問題提起を行う。また、対韓「制度移植」が策定者の意図に反して挫折を余儀なくされていく経緯や、その挫折が60年代以降に「所有と経営の未分離」を特質とする「韓国財閥」を肥大化させ、韓国経済発展の制度的基礎条件を作り上げるに至った「思わざる結果」について分析を試みる。

ところで、「韓国財閥」の生成が「制度移植」の挫折に発していたとする本書の根拠は、概略、以下のような四つの歴史的事実を背景として提示されるものである。

（1）第二次大戦後まだ日の浅い1948年、米国は建国まもない韓国に「金融民主化」の必要性を説き、米国モデルに基づく「金融制度改革」案をまとめてその実行を強く迫った。同改革案の原型は、「ブルームフィールド勧告」（対韓「金融制度改革勧告」）のなかに集約された。この勧告は1950年2月から60年11月までの10年間に五つのレポートによって米国政府から韓国政府

に提出されたものである。その狙いは、米国型金融モデルに従って「政治的独立性を保持する中央銀行の創設」と「間接金融主導から直接金融主導への早期移行」を果たすことで、韓国経済に安定的成長をもたらす基礎的条件を移植するところにあった。この改革案はさっそく韓国に導入された。

（2）しかし、李承晩（イスマン）政権（1948–60年）はこの勧告書に盛られた主旨と骨組みを自らに有利な形へと組み替え、政権維持の基盤づくりに逆用した。たとえば、中央銀行（韓国銀行）の政治的独立性を維持・保障する制度を受け入れながら、一方ではこれを自政権の恣意的支配下に置くために、その内部機関の構成を改変した。すなわち、「金融民主化」を保障すべく中央銀行内部に設置されることとなった「金融通貨委員会」（米連邦準備制度理事会〔FRB〕を範とする）の構成員の任命について、全7委員のうち6委員までを大統領による直接任命権のもとに置いた。これにより、中央銀行を実質的な政治支配下に従属させてしまった。また、対政府向け融資に関する成否は国会の承認に委ねるとしたが、それは与党が常に圧倒的多数を占める当時の国会の状況を前提とする決定であった。

（3）朝鮮戦争（1950–53年）の勃発から休戦後の復興期において、李承晩政権は政権運営に必要な巨額資金を調達するため、第2の政府系金融機関として「韓国産業銀行」を創設した（1954年）。この「韓国産業銀行」は、中央銀行が少なくとも表面的には保持していた独立性体制を大きく揺さぶる金融勢力となった。同政権は復興の進展を誇示するため、相次いで政府主導型開発事業を展開したが、その資金需要の多くは「韓国産業銀行」からの極めて恣意的な融資によって賄われた。この政府主導型開発事業が、政財界の癒着構造を強化し、「韓国財閥」の生成を促す要因となった。

（4）「韓国産業銀行」の設立後、李承晩政権は「金融制度改革」の柱とされていた「間接金融主導から直接金融主導への移行」を実行に移すため、直接金融市場の育成・強化に向けて「政府帰属（銀行）株」の民間への払下げを行った。しかしその手法は改革案とは大きく掛け離れたものであり、実際の払下げによって利得を獲得できたのは李大統領との個人的な結びつきを持つ特定民族資本や特定階層に限られていた。これが「特恵財閥」といわれる「韓国財閥」の本源的な成立要因となった。

序章 なぜ今、「1950-60年代の韓国経済」なのか

　以上四つの歴史的経緯は、とりもなおさず、米国型金融モデルの「制度移植」を目指した「ブルームフィールド勧告」の実質的挫折を意味するものである。そしてその「挫折」のなかにこそ「韓国財閥」生成の最大の要因をみることができる。本書が同勧告の導入から挫折に至る経緯を重視するゆえんである。

　本書では当時の韓国経済事情に関する韓米日を中心とする基本文献、とりわけ未邦訳の第一次資料の発掘・調査・収集に努めたが、これらの文献は、当時の韓国政権が「ブルームフィールド勧告」やその要諦である「金融民主化」政策を恣意的に操作し、改革への諸原則を次々と変質させていった経緯を具体的に明らかにしてくれるものである。そうした変質の背景には常に米国の軍事的・政治的世界戦略との並走あるいは掛け引きがあったことはいうまでもない。

　ところで、本書の分析はまた、1960年代韓国に「圧縮された産業発展パターン」(「圧縮された成長」)と呼ばれる高度経済成長をもたらした「第1次経済開発5ヶ年計画」(1962-66年)の成功要因について再検証を促す。すなわち、50年代の韓国の経済構造を細かく分析・検証していくと、60年代の飛躍的な経済発展を朴正熙政権(1962-79年)下の「自由化・市場開放政策」のみに求める従来の解釈法では歴史的妥当性として十分とはいえないことが明らかとなるのである。

　本書の拠った「ブルームフィールド勧告」について一言ふれておく。この勧告書をとりまとめ、米国政府を介して韓国政府に建議したのはアーサー・I・ブルームフィールド(Arthur I. Bloomfield、ニューヨーク連邦準備銀行　国際収支部責任者)とジョン・P・ジェンセン(John P. Jensen、ニューヨーク連邦準備銀行　監督部次長)である。彼らは米経済協力局(ECA：Economic Cooperation Administration)使節団の招聘により1949年6月、米本国から金融分野の調査・解析のために韓国へ派遣された金融理論の実践的専門家で、ともにFRBの中枢的地位にあった人物である。

　この「ブルームフィールド勧告」は、以下の五つの論文(「5大レポート」)から成っている。

1) *Recommendations Regarding Central Banking Reform in South Korea* (韓国中央銀行に関する勧告書), 1950.
2) *Recommendations Regarding Reform of Other South Korean Finan-*

　　　　cial Institutions（韓国の金融機関改革に関する勧告書), 1950.
　3）*Report and Recommendations on Banking in South Korea*（韓国金融に関する勧告書), 1952.
　4）*A Report on Monetary Policy and Banking in Korea*（韓国金融政策に関する報告書), 1956.
　5）*Report and Recommendations on the Korean Reconstruction Bank*（韓国産業銀行に関する勧告書), 1960.
　　＊上記論文のうち、3）4）5）はブルームフィールドの単独執筆。

この5編の対韓「金融制度改革勧告書」の内容、および10年余りに及ぶ同勧告の変遷に関する検証は、「1950 - 60年代韓国資本主義」の成立要因と今日に通ずる韓国経済特有の基本構造を解明する重要な手がかりとなるだろう。

　本書は次の5章から構成されている。
　まず第1章では、本書が1950年代韓国の「金融制度改革」に着目する意義を述べる。ここでは韓国国内はもとより日本はじめ各国で展開された、1980年代後半のいわゆる「韓国資本主義論争」の「制度移植」に関する諸論を概観し、その共通点や相違点を整理する。同論争は、解放後の韓国経済の位置づけをめぐり、60年代の韓国が国家独占資本主義の段階に移行したとする「国家独占資本主議論」と、中心部資本主義国からの従属を余儀なくされ"周辺部資本主義"の特質を強めていたとする「周辺部資本主義論」とのあいだでくり広げられたものである。両論は「韓国財閥」の形成、位置づけ、性格、その他の解釈においても本質的相違をもたらした。
　「韓国財閥」が肥大化する契機となったのは、当時の李承晩政権が米国の改革提案のもとで実行した「政府帰属財産」、とりわけ「政府帰属株」払下げ政策である。「政府帰属株」には民間金融資本の株式も多く含まれていたため、そのまま放置すれば政府による民間金融資本への支配力もまた巨大なものになると米国側は懸念した。そこで実施されたのが「政府帰属株」の民間への譲渡である。しかし実際の払下げは不公正な方法で行われ、「韓国財閥」の生成基盤だけをより強靭なものとする方向へ進んでいった。
　この金融政策の迷走は、当時勃興期にあった「韓国財閥」と李承晩政権との

あいだに政財界の癒着をもたらした。「所有と経営の未分離」を特質とする「韓国財閥」が1950年代に勃興・生成したのは、同政権下における金融政策の迷走と無縁ではない。そしてこの迷走は「ブルームフィールド勧告」に基づく「金融制度改革」の「挫折」と密接な関係を持つものであった。そうした当時の状況について「国家独占資本主議論」と「周辺部資本主義論」の両論は、「韓国財閥」が果たした役割を通じて当時の韓国資本主義の性格を明らかにする重要な材料を提供した。

この両論に対して、梶村秀樹は韓国型「特恵財閥」を「隷属資本」と呼び、当時の韓国資本主義を「植民地半封建社会構成体」と位置づけた。すなわち当時の韓国は、政権との強い結びつきを利用した「隷属資本」が「政府帰属（銀行）株」払下げの恩恵を独占的に享受した点で「半封建的」であり、また、米国（梶村説にいう中心国）向け輸出拡大によって利益の極大化を実現した点で「植民地」的であると規定した。同章では特に、米国型金融システムの「制度移植」の挫折とそれに伴う「特恵財閥」の誕生という歴史的事実に照らし、この梶村説の実証を試みる。

第2章では、「金融制度改革」の挫折がどのようにして「特恵財閥」の生成に結びついていったのかを明らかにする。そもそも米国型金融モデルを骨格としてまとめられた「ブルームフィールド勧告」は、第一に政府権力から独立した中央銀行の創設および民間を含む「金融通貨委員会」の設置、第二に間接金融主導から直接金融主導への転換、第三にそれらを通じた「金融民主化」の韓国経済への定着、という目的をもって作成された。しかし、米国型金融モデルの対韓「制度移植」は、その現実的運営において現地資本の抵抗、摩擦、経済的歪みを生み出すところとなり、挫折するに至った。そしてその挫折の結果として、ブルームフィールド、ジェンセンらが当初より最も危惧していた「歪んだ金融制度」が韓国国内に機能し、改革の意図とは逆に、政権の恣意による金融政策、経済運営を常態化させていくこととなった。その典型例が、「所有と経営の未分離」を特質として誕生した「韓国財閥」とこれを育成した政府とのあいだにできあがった"政財界癒着"の構造である。

第3章では、韓国型「特恵財閥」の生成の経緯を同時代の日本の「財閥復活」に照らして比較検討を行う。

米国の占領政策の一環として行われた対日「制度移植」、すなわち「ドッジ・ライン」(1949年)や「シャウプ税制勧告」(50年)もまた、その所期の目的を十分に達せられずに終わった。「経済民主化」政策の柱として実施された「財閥解体」(46年)から数年後、旧日本財閥は「朝鮮戦争特需」に伴う対日占領政策の転換によって金融機関主導型の企業グループへと復活をとげ、この旧財閥によって日本経済は高度成長(内発的発展)をなしとげた。
　一方、同時代の韓国は米国にとり最大の援助国(総額31億9000万ドル。1957年を例にとれば、同国の総輸入額に占める援助輸入額は84.6％に及んだ)となり、日本とは対照的な経済発展を歩むこととなった。東西冷戦構造下の50年代韓国は西側(とりわけ米国)の版図においてあくまで「反共の砦」と位置づけられ、内発的経済発展とは無縁の援助経済が長期にわたり継続された。米国の対韓戦略の力点は何よりも親米＝李承晩政権の政治的安定化をはかることに置かれた。
　このため米国は、対韓「経済復興政策」を第一義とする「米国型直接金融の定着(「引締め的安定」策)」と対韓「軍事政策＝李承晩政権の安定化」を第一義とする「政府主導型間接金融の容認(「膨張主義的政府介入」策)」とのあいだに根本的な矛盾を生じさせ、結果として、種々の金融改革勧告を建議しながら李政権の安定化を最優先する一方、財閥の特恵的地位や政財界の癒着を容認しながら対韓援助を持続させることとなった。つまり、自立型経済発展に必要な内発的力を韓国から阻害することとなった。この構図は当時の対日対策との比較においてより鮮明となる。
　同章ではまた、「非自立性」「政財界癒着」「所有と経営の未分離」などの特質を生み出した1950年代韓国の政治経済的背景を検証することで、李承晩政権が数々の経済介入によって米国型金融モデルを変質させ、換骨奪胎していった要因に迫る。
　第4章では、当時の韓米両政府が作り出した利害の一致のなかで、米国主導の「引締め的安定」策がなにゆえに挫折してしまったのか、また、両国政府間の思惑の合致がほかならぬ韓国型「特恵財閥」の生成・肥大化をどのように促していったのか、その過程に焦点を当てる。
　冷戦構造下の1948年に分断国家として歩み始めた韓国は、「反共の砦」とし

ての役割に応えるべく自らの経済力を強化し、長期的視点に立った自立的発展を目指そうとしていた。そのためには深刻なハイパー・インフレーションの克服、放漫財政の軌道修正、緊縮財政への転換といった「引締め的安定」策を導入し目下の膨張財政を克服する必要に迫られていた。しかし他方で、「引締め的安定」策は国内経済界と癒着関係を持つ李承晩政権を不安定化させる要因ともなりかねず、援助国・米国にとっても韓国政権の安定は最重要事項であったことから、結局、この「引締め的安定」策は徹底されず、むしろ膨張政策を加速させるところとなった。

　前述のごとく、親米＝李承晩政権の政治的安定性を損なってはならない米国はこのとき深刻な矛盾を抱えることとなる。一方で「引締め的安定」策の強行は韓国における内発的発展を期待できるものではあったが、他方でそれは"政権と財界の離反"を招く恐れがあったため、これを韓国政府に強く迫ることができなかった。結果、米国の企ては「特恵財閥」とその傘下企業を利するにとどまり、韓国における「金融民主化」を遠いものにすることとなった。

　第5章では、朝鮮戦争収束後に加速した膨張主義と「制度移植」挫折との関係をたどり直すことで、李承晩政権から朴正熙政権へと連なる「政策的連続性」を検証する。

　一般に、朴正熙政権下に達成された1960年代の経済発展は「漢江の奇跡」「圧縮された成長」「韓国モデル」などと称され、その成果をもたらした最大の要因は同政権が断行した「自由化・市場開放政策」（関税障壁の撤廃、輸入数量割当制の撤廃、輸出志向型工業化政策など）であるといわれている。しかし、朴政権下で展開された「第1次経済開発5ヶ年計画」（1962－66年）はすでに李承晩政権時代から行われてきた「総合開発事業計画」（国連韓國再建團＝UNKRAが韓国政府に政策主体を委ねた50年代に始まる対韓復興政策（38頁参照））の延長上に位置する連続的国家事業ともいえるものであった。

　1960年代の「圧縮された成長」「輸出志向型工業化政策」の柱をなした最終消費財の輸出は、実際には50年代に始まる「総合開発事業計画」の輸出競争力強化策を引き継いだものであり、それを牽引してきたのは紛れもなく、50年代の「制度移植」の挫折とともに現れた「特恵財閥」である。同章はこれを証明するための論考となる。

このように、「制度移植」の導入と挫折の経緯は、重大な意味を韓国経済史に刻むところとなった。
　本書は、1950－60年代韓国資本主義の「矛盾をはらんだ成長」の意味を明らかにすることにより、米国による他国への「市場化要求」という今日的テーマに対する解への示唆とするものである。戦後の韓米関係を検証し直す新たな分析枠組として、あるいは、米国による今日の「制度移植」、すなわち「戦後復興援助」(対アフガニスタン、イラクなど)や「債務国援助」(対アジア、アフリカ、ラテンアメリカなど)、そして他ならぬ対日現代版「制度移植」の結果ともいうべき日本の新自由主義的構造改革路線の問題点を経済史的文脈から析出し直す契機として、本書を活用していただけたならば幸いである。
　なお本書の構成は「制度移植」の「成立背景」(第1章)、「導入と挫折」(第2章)、「韓日比較」(第3章)、「矛盾とリスク」(第4章)、「史的連続性」(第5章)というふうにテーマ別にまとめられているが、経済史的考察という性格上、各章に与えたテーマの背景を見通しよくするために、各章ごとに一連の歴史的経緯等を適宜説明する方法をとることとした。したがって各章間においては重複記述を許さざるを得なかったところもいくつかある。あらかじめ諒とされたい。

第 **1** 章　「制度移植」をめぐる研究史

「特恵財閥」の成立過程を軸として

✤第1節　はじめに

　解放後の米国による対韓「制度移植」の過程をどう定義づけるべきか。1980年代の後半、比較的若い社会科学者のあいだで「制度移植」をめぐる「韓国資本主義論争」(「韓国社会性格論争」「韓国社会構成体論争」とも呼ばれる)がくり広げられた。同論争が開始された直接の契機は、1985年10月発行の『創作と批評』秋号において「集中企画・韓国資本主義論争1」が組まれたことにあった（季刊誌『創作と批評』は80年5月発生の光州事件〔光州民主化運動〕で発禁処分を受け、発行元「創作と批評社」も登録取消処分となる。このため同秋号は「不定期刊行物」として発行後、88年2月に再発行）。

　同誌上における論争は次の二つに代表される。まず朴玄埰（パクヒョンチェ）は、「現代韓国社会の性格と発展段階に関する研究（Ⅰ）」と題する論文のなかで、1960年代以降の韓国は他の第三世界における貧窮国や発展途上国と異なり、すでに西欧社会と同質の特徴を持つ資本主義の特殊発展段階（すなわち、国家独占資本主義の段階）に移行していたとする「国家独占資本主義論」を展開し、「制度移植」という捉え方に否定的見解を示した。一方、李大根（イデグン）は、「韓国資本主義の性格に関して―国家独占資本主義論に寄せて」と題する論文のなかで、当時の韓国は中心部資本主義国からの従属を余儀なくされる"周辺部資本主義"としての特質をより強めていたとする「周辺部資本主義論」を展開した。これは朴玄埰説の「国家独占資本主義論」に真っ向から異を唱えるものである。朴玄埰、李大根両者の極めて対立的な見解のなかに、次のような背景事情を読みとることができる。

1　論争の発端

　論争が開始された当時、韓国では光州事件に象徴される軍事的・政治的抑圧を経て、過去の政治的独裁体制の克服・清算に対する渇望が高まり、国民の関心は独裁体制に代わる民主的政治経済体制の獲得、それを可能とする政治経済的手法の模索へと向かい始めるなど、西欧型システムの「制度移植」の位置づけも含め、議論が巻き起こった。あるべき選択について

の国民的関心がにわかに高揚し、これに応えて学識者は自国の国民経済の本質、現段階の状況をあらためて問い直す必要に迫られていた。その際、朴正熙政権（1962-79年）のもとで達成された「開発独裁」による高度経済成長の成果をどう総括すべきか、韓国資本主義の発展段階とその定義とともに議論が百出し、上記「韓国資本主義論争」あるいは「韓国社会性格論争」が展開されるところとなったのである。

2 論争への経緯

　朴正熙政権によって達成された1960-70年代の高度経済成長の評価に際し、当時の韓国経済は「国家独占資本主義」の段階に差し掛かりつつあったか（朴玄埰説）、それとも「周辺部資本主義」としての特質を強めていたか（李大根説）、その解釈いかんは、ひいては米国による対韓「制度移植」の実態認識のあり方にも大きな影響を与える必然性があった。そしてこうした議論はやがて、解放前の韓国経済をめぐる性格論争へと、より本質に遡ってなされるようになっていった。解放前の韓国経済をどのように定義し、位置づけるべきか、すでに三つの解釈がなされていた。

　第一の解釈は、韓国経済の資本主義移行期を1910年の韓日併合時に求める「資本主義社会論」に代表される。朴玄埰の「国家独占資本主義論」はこの系譜に位置するものである。第二の解釈は、1930年代における日本の「植民地工業化政策」を機に、韓国は封建社会から資本主義社会へと移行したとするものである。これは第一の解釈と同様、日本による植民地工業化政策（土地調査事業、林野調査事業を中心とする各種事業）のなかに、すでに資本主義へと移行する歴史的契機があったとみなすものであり、権寧旭（クォンニョンウク）などに代表される説である。これらに対して第三の解釈は、植民地下の韓国社会は「植民地／半封建社会」の段階にあったとみなすものである。すなわち、前二者のような「資本主義段階的発展論」を排し、解放前の韓国を「従属性を伴いつつも封建社会から近代社会へ、商業資本から産業資本へ、という歴史的移行を始めつつあった」段階とするものである。この第三の解釈はいわば韓国資本主義に固有の「特殊発展論」を唱えるもので、李大根に代表される「周辺部資本主義論」の理論的基礎をなすもの

とされている。

　この三つの解釈によって、朴正煕政権下の高度経済成長を①国家独占資本主義の進展・成果とみるか、②中心部資本主義国・米国の従属体制に基づく「制度移植」の強化とみるか、見解の相違が生じることになる。

3　朴玄埰・李大根論争の意味

　すでに1960年代以降の韓国は「国家独占資本主義」段階に達していた。こう解釈する朴玄埰説によれば、朴正煕政権下に達成された高度経済成長は主として政府主導型の成長政策に負うものと解釈される。これに対し、「周辺部資本主義論」を説く李大根説においてそれは、一国の自立的発展によるものではなく、中心部資本主義国・米国による「制度移植」策、すなわち、米国の世界戦略に組み込まれた「反共の砦」に対する"韓国強化策"の結果として位置づけられる。

　朴、李それぞれに代表される両論は、次節に述べるように、「韓国財閥」の形成、位置づけ、性格、その他の解釈においても本質的相違をもたらした。「韓国財閥」がその後の韓国経済を主導し、国の盛衰をも左右する存在へと成長していったことはいうまでもないが、両論はこの「韓国財閥」形成の解釈をめぐっても大きく乖離している。

　さて、こうした「国家独占資本主義論」や「周辺部資本主義論」に対して、日本の梶村秀樹は「植民地半封建社会構成体」という新たな概念を生み出し、その観点から1950-60年代韓国資本主義の特質を分析した（上記、2にみる第三の「植民地／半封建社会」説とは異なる）。梶村は歴史的解明においてそれまで不明確の誹りを免れなかった50年代の韓国に着目し、同時代の韓国を指して「植民地半封建社会」と位置づけ、以後、60年代から韓国は「周辺部資本主義社会構成体」へ移行したと規定した。「韓国社会構成体論争」を触発する契機ともなった説である。

　さらに、その後、本多健吉が「周辺部資本主義論」に対して「従属的国家独占資本主義」という概念を用い、「国家独占資本主義」や「周辺資本主義」のいずれかに偏るのではなく、1950-60年代韓国資本主義はもっと広義に、包括

第1章　「制度移植」をめぐる研究史

的に規定されるべきであるとの説を提示した。坂田幹男や朴一（パクイル）もまた本多説の影響を受け、1950‐60年代韓国資本主義にみられた特性は多様な発展プロセスと結合させて把握する必要があり、韓国資本主義の発展段階を定義するにはより包括的な視野を持つべきであると主張した。

一方、これらの諸論と異なる視点を持つ「新古典派開発理論」は、朴正煕政権下になされた「第1次経済開発5ヶ年計画」（1962‐66年）の成果に着目し、これを「圧縮された産業発展パターン」（「圧縮された成長」）の典型例として評価した。同理論によって、韓国資本主義の起点を60年代以降とする説も力を得るようになった。

以下では、「韓国資本主義論争」における「国家独占資本主義論」や「周辺部資本主義論」のみならず、同論争を契機としてたたかわされた諸説（梶村秀樹説、本多健吉説、新古典派開発理論）やサミール・アミン（Samir Amin）の「（新）従属論」もサーベイしながら、同論争が提起した論点と、残された課題について整理してみたい。

✦第2節　研究史整理のための実証的基礎──財閥形成の萌芽

1950年代の韓国は経済界に対する李承晩政権（1948‐60年）の影響力が強まり、経済界においても新興の民族資本が各地に勃興し、次第に力をつけ始めた時期にあたる。それらの民族資本は、李政権との結びつきを強めながら、同政権による金融政策を追い風にして力を蓄え、政治的影響力を一段と強めていった。同政権による民族資本育成路線は、やがて政財界癒着の構造を深化させる要因となった。

この種の民族資本が経済的・政治的影響力をいっそう強める契機となったもの、それが李承晩政権下で実行された「政府帰属財産」払下げ、なかでも「政府帰属株」払下げ政策である。払下げが行われる過程において、特定民族資本は李承晩大統領との個人的な癒着関係を利用することで特恵的利権を獲得することができた（第2章で詳述するように、「政府帰属（銀行）株」の譲渡は入札方式によって7次にわたって試みられ、うち第1次から第6次における落札者は皆無）。たとえば、譲渡株数には上限が設けられていたにもかかわらず、

新興民族資本はそれを超える大量取得を黙認されるなど、種々の特恵を享受した。こうして得られた余得・特恵をもとに新興民族資本は経済的基盤を固め、やがてそれらのなかから「韓国財閥」、すなわち韓国型「特恵財閥」と呼ばれる勢力が現れてくるのである。

　「政府帰属財産」払下げによって利権を得たのはこうした新興民族資本ばかりではなかった。その他、一部の大地主や旧官僚、銀行家、新興商人など特定階層にも、有利な指名割当制がとられた。

　ところで、ここにいう「政府帰属財産」とは、日本の植民地支配からの解放後、いったん米軍政府による接収・所有となった旧日本政府・民間の資産が、米軍政府の統治時代（1945－48年）を経て建国直後の韓国政府に無償で譲り渡されたものの一部を指す。株式の形態によるものが少なからず含まれ、それらは「政府帰属株」と呼ばれた。「政府帰属財産」は発足そうそうの新政府を支える有力な財政基盤の一つとみなされた。李承晩政権はこの「政府帰属財産」を民間に払下げる決定を下した。それは、窮迫した政府の財政事情によるだけではなかった。韓国に対して巨額の経済援助を行っていた米国からの強い要請でもあった。この要請は米国が韓国政府に求めた「金融制度改革勧告」（通称「ブルームフィールド勧告」＝ブルームフィールド、ジェンセンによる自国型金融システムの「制度移植」構想）に基づくものである。「政府帰属株」払下げ問題は「ブルームフィールド勧告」の中枢に位置づけられていた。それは、政府保有の巨額株式資産をどう処理するかが「金融制度改革」の帰趨を大きく左右すると考えられていたからである。

　「政府帰属株」のなかには民間金融資本の株式が多く含まれていた。これらをそのまま放置すれば政府による民間金融資本への支配力も強大なものになると懸念された。そこでブルームフィールド、ジェンセンらは米国型金融システムの「制度移植」を通じて、政府保有の市中銀行株式が可能な限り早期に民間に譲渡され、かつそれらが民間から市場に放出されれば、健全な株式市場を育成できると分析した。米国型スポット取引を中心とした資本市場が生まれることで、民間企業もまた、銀行に資金調達を依存するこれまでの「間接金融」主導から、自由な株式資本市場で事業展開をはかる「直接金融」主導へと移行できると予測したのである。

第1章 「制度移植」をめぐる研究史

　米国が強調したのは、「政府帰属株」は公正なやり方で払下げなければならないということである。政治的中立性を保った株式市場のもと、一般企業が円滑な資金調達を行えるようになれば、政府による金融・産業界への介入を回避した自立的な経済活動が可能となり、ブルームフィールドらの「金融民主化」構想は間違いなく成功へ向かうとの判断である。

　しかし、実際にとられた李承晩政権の政策はブルームフィールドらが建議した「金融制度改革」、健全化路線を大きく逸脱するものであった。「政府帰属株」払下げは「勧告」の主旨とはまったく掛け離れた政治的ツールに転化されていったのである。

　李承晩政権下の金融政策の迷走は、「勧告」の意図とは逆に、一般企業による株式市場への参加を著しく狭め、新興民族資本（後の「特恵財閥」）の経済基盤だけをより強靱なものにしていった。事実は次の通りである。

（1）李承晩政権は1954年11月29日から翌55年7月4日までの期間、すべての民間銀行を政府管理のもとに置くとする「経済非常事態宣言」を発し、断行した。朝鮮戦争休戦後の経済混乱がその理由とされた。

（2）この結果、米国側の意図に反して、政府保有の銀行株は民間に分散保有されることなく、また、金融機関同士の相互持合い株も解消されることなく、旧体制が持続するところとなった。これら株式の合計（政府帰属銀行株＋銀行相互持合い株）は全市中銀行の発行済み株式数の70％にまで及んだ。

（3）前述のごとく、「政府帰属（銀行）株」払下げは「経済非常事態宣言」の前後に7次にわたって行われたが、譲渡株数の上限などにより、うち第6次までは落札者が現れなかった。「政府帰属銀行株払下げ要綱」の発表（1954年10月）から1年以上経過した後、すなわち56年3・4月に行われた第7次払下げに至ってようやく初の落札者が生まれた。

（4）この第7次払下げにおいては、政府の払下げ価格の決定方式や各種条件の設定などの面で極めて曖昧な取引が行われ、払下げを受けた特定民族資本、特定階層は大きな利得機会を享受するところとなった。李承晩政権はこの払下げ価格の決定を極めて恣意的に行った（払下げ価格の大幅な引下げなど）。

「制度移植」によってもたらされた李承晩政権の半ば意図的な政策の迷走を好機として、勃興期にあった「韓国財閥」は利得機会を最大限に生かし、手にする差益を大きくすることができた。後に韓国経済に大きな地歩を築く「特恵財閥」はこうして誕生したのである。
　さて、以上に述べた歴史的経緯からは二つの分析課題が見えてくる。第一に、1950年代における「韓国財閥」の生成過程をたどることにより、「所有と経営の未分離」という「韓国財閥」に特有の経営形態がなぜ生まれ、長期にわたって持続することになったのか、その諸要因について解明の手がかりを得ることができる。第二に、「韓国財閥」の特質を明らかにすることにより、「韓国資本主義論争」における諸説についての歴史的・実証的検証をより立体的に進めることができる。
　まず第一の、「所有と経営の未分離」という「韓国財閥」に特有の経営形態をめぐっては次のように分析することができる。
（1）「所有と経営の未分離」という特質は「韓国財閥」の多くが1950年代という時期に勃興・生成した事実と無縁ではない。この時期、ブルームフィールドらによって建議された自国型金融システムの対韓「制度移植」は「政府帰属株」の民間への譲渡を通じて「株式市場」の育成を目指したが、前述の経緯により李承晩政権の受け入れるところとはならなかった。したがって、民間企業の資本調達は株式市場からの「直接金融」に拠ることができず、あくまで金融機関からの「間接金融」に負うか、あるいは巨額資本を手にした資本所有者の個人的資金に依存する状況が続くこととなった。
（2）その結果、事業や企業の社会化（公開市場からひろく資本調達ができる体制）がなされず、経営を担うその資本所有者が時の政権と相互依存関係を深めつつ自らの企業グループの成長・発展をはかるという、一個人（とそのグループ）による多面的な事業・企業形態が成立するところとなった。すなわち「所有と経営の未分離」という「韓国財閥」に特有の形態が常態化し、それが韓国経済そのものの性格を規定するところとなった。それらは1950年代の米国による対韓「金融制度改革」の導入と

第1章　「制度移植」をめぐる研究史

その挫折に発したとすることができる。

　第二の「韓国資本主義論争」との関係においては次のように分析することができる。
（1）米軍政期のみならず、それに続く1948年の建国後も、米国による対韓政策は矛盾に満ちたものであった。米国は韓国に、一方では金融を中心とした経済諸制度の「移植」を迫り、自由にして健全なる市場経済への転換を促そうとした。ブルームフィールドらによる「金融制度改革」の建議もその路線に沿ってなされた。

　　しかし、他方で米国は、「反共の砦」として韓国を位置づけ、巨額の経済援助を通じて市場外要因を増殖させ、韓国経済の歪みを助長した。後にブルームフィールドらの「制度移植」が挫折に至ったのも、このような矛盾を巧みに衝いて自らの政権維持をはかってきた李承晩政権の屈折した政策によるところが大きかった。

（2）この1950年代の状況は、「韓国資本主義論争」の諸説に歴史的検証を加える有力な判断材料を提供した。

　　当時の韓国は自立経済からほど遠く、なお援助経済に多くを負っていた。そうした構造なかで「所有と経営の未分離」を特質とする「韓国財閥」の形成が進んでいた。しかし、援助経済、特異な財閥形成が進む当時の韓国においては、米国の要求する「農地改革」（封建的地主・小作関係の廃止）は未発達のまま、土地をめぐる所有・非所有関係に基づく封建的身分制度がなお社会の基盤をなしていた。

　　その一方で米国型システムが導入された当時の韓国は、緊密な韓米関係の必然として各種物資の対米輸出を増大させた。この対米輸出依存度の高まりにより、李承晩政権は自国に蓄積された外貨を活かして「輸入代替工業化政策」（第3章詳述）を積極的に推し進めることとなった。これに伴い、国内には繊維、化学、ゴム、化学肥料、やがて工作機械などの近代産業が勃興し、各工業分野での固定資本形成も進んでいった。こうした変化は、封建的な土地所有関係に根ざした韓国社会に、近代的な資本所有・労使関係を生み出す契機を与えた。社会の基盤はなお封建的

残滓を強く保ちつつ、その上に近代的労使関係が芽吹き、社会の軸が前者から後者へと移行する重層社会の様相を帯び始めていた。

梶村がいうように、この意味で当時の韓国は、「半封建社会構成体」という側面を持ちながら、同時に対共産圏軍事戦略上の拠点として米国からの巨額援助と恩恵的対米輸出（米国による特恵関税の受益など）に依存する「植民地社会構成体」という側面も併せ持ち、独特の資本主義段階を歩んでいたと規定することができる。

ブルームフィールドらによる「制度移植」の導入とその挫折、そしてその結果としての資本市場（直接金融市場）の不在が、その後の韓国経済を強力に牽引していく「特恵財閥」を生み出した。この歴史的事実にさらなる論考を加えることで、梶村説を補強することができると考えられる。

そのためにはまず、対韓「制度移植」をめぐる諸論を具体的にみていく必要がある。各論それぞれの史的分析位置が明確になれば、1950－60年代韓国経済の本質も、よりくっきりとその輪郭を現してくるだろう。

⊹第3節 「制度移植」をめぐる諸論

◆3－1 国家独占資本主義論

「国家独占資本主義論」の立場に立つ朴玄採は1950－60年代の韓国資本主義を、国家独占資本主義へと移行する可能性を持った特殊段階と説く。この立場に立つ論者らは、資本の運動様式（利潤法則）、労使の対応形態、あるいは対外経済関係などにおける時代的相違を分析し、韓国資本主義においては1910年から20年代までを「資本の原始的蓄積段階」、その後30－40年代の植民地工業化時代や官僚資本主義的性格に色どられた米軍政時代（1945－48年）を経て、50年代には政府介入が常態化、60年代以降をもって「国家独占資本主義段階」と規定する。この説によれば、いかなる資本主義国も終局的には国家独占資本主義へと移行する。すなわち、すべての資本主義国が同一の歴史的発展段階を経るということを前提とする議論である。

また、「国家独占資本主義論」が展開する階級闘争論によれば、当時の李承

第1章　「制度移植」をめぐる研究史

晩や朴正煕による独裁政権と一般民衆とのあいだに生じた鋭い政治的対立は、財閥グループ（資本）と一般民衆（労働者）とのあいだの激しい対立の過程でもあった。すなわち、両政権は財閥資本の利害をそのまま体現したものであり、その政治的意図を政策化することで政財界の癒着関係を深め、もって自らの政権基盤を強化したとみなすのである。

同論の論者にとっての最大の課題は、そもそもなにゆえに李承晩政権、朴正煕政権時代において階級闘争が激化したのか、その設問に答えることであった。同論によれば、階級闘争は一般に資本主義が帝国主義段階に到達する前段階で、封建的政治支配を打破しようとするときに激化する。ただし旧植民地である従属国では、やがてこの闘争は、中心国からの隷属支配に奉仕しつつその利益と一体化して機能する産業資本家層への抵抗運動として進む。

同論を批判する李大根によれば、同論は1960年代までの韓国を概ね次のように位置づけていた。すなわち、解放直後の韓国は米軍政期に官僚資本主義的な性格を定着させ、50年代には国家による経済過程への介入を強めたが、これによって民間資本の発達が遅れ、結果として60年代の「第1次経済開発5ヶ年計画」（1962-66年）に至って初めて、国家の庇護下で民間企業の資本蓄積が促されたのだ、と[1]。つまり同論は、50年代の李承晩政権による経済介入の延長線上で60年代の朴正煕政権による「第1次経済開発5ヶ年計画」は可能となったとみなした。しかし同論において対韓「制度移植」の「挫折」をめぐる50-60年代の歴史的経緯が言及されることはない。

同論ではさらに、1960年発生の李承晩政権に対する「4・19学生革命」と翌61年発生の朴正煕による「5．16軍事クーデター」は、ともに反米・民族主義的色彩を持っていたところに特徴があるとし、これを似ってしても韓国資本主義のこの段階は国家独占資本主義への移行期であると規定した。同論者の朴玄埰は、分断国家としての韓国の「国家独占資本主義」について概略次のように述べている。

「分断による民族的生活の歪曲は極めて大きなものであった。それは経済問題にとどまらず、社会の全面に及ぶものであり、我々の民族的生活はもちろん、近代的市民として享受すべき基本権までも否定するものであった。ある意味では、今日の我々の社会における否定的側面は分断の所産である。けれども、そ

のように歪曲された生活はそもそも従属的植民地構造に始まっている。[中略] 従属的植民地構造への抵抗が即民族的生活の回復——それは民族共同体の回復に他ならない——への希求という積極的意味を内包している[2]」。

朴玄埰によるこの「国家占資本主議論」は、分断国家ゆえに統一へと向かおうとする「民族主義」的傾向の指摘をもって、即「国家独占資本主義」への道とみなしている点で少なからぬ疑問をはらんでいる。さらに、「制度移植」が及ぼした影響についてまったくふれることなく、「国家独占資本主義」のみが「特恵財閥」の成立要因とみなしている点でも疑問を残している。

朴正埰は、分断国家ゆえに民族統一へと向かう「民族主義」的願望のなかに「国家独占資本主義」の特質をみようとした。これに対して論争の相手側である「周辺部資本主義論」は、むしろ韓国が持つ分断国家ゆえの特性は中心国・米国による従属支配から免れ得なかった点にあるとした。換言すれば、世界資本主義の中心部資本主義国に対する隷属性のなかに、韓国資本主義の諸々の特性を見出そうとした。

◆ 3—2　周辺部資本主義論

「周辺部資本主義論」の立場をとる李大根は、韓国資本主義の周辺化過程においては次の三つの特徴が際立って現れていたとする。

(1) 周辺化の時点（1960年代をもって周辺化に移行）での特性——61年の軍事クーデターは民族主義的自立経済を掲げて成功したが、それは米国への従属性をより強める結果をもたらした。

(2) 周辺化のもう一つの特性——それは準周辺部的存在・日本によっても周辺化されたという歴史的特性によって、二重の歪みを生じさせた。

(3) 周辺化政策の特性——1930年代以降、植民地支配下における工業化が進行したことで、特異な発展形態をたどらざるを得なかった[3]。

李大根による韓国資本主義分析においては、必ず世界資本主義との関連が重視される。韓国資本主義の展開を、世界の戦前・戦後資本主義の諸段階に重ね合わせて分析しようとする視点が維持されている。そのうえで李は、周辺部資本主義国が前資本主義社会から周辺部資本主義社会へと移行する際には、その

中間段階として「植民地／半封建社会」が存在したとみる[4]。すなわち、旧植民地諸国が「周辺部資本主義国」へと転化するときに生じる内在的な生成状況を、中心部資本主義国・米国との関わり（支配—従属関係）を深めながら現地の産業資本家層が成長していく過程として捉える[5]。

実際、朝鮮戦争収束後の韓国においては、米国型金融システムの「制度移植」の導入とその「挫折」が対米従属型の経済発展を強める結果となった。李大根によれば、米国型金融システムの「制度移植」の導入（李は「挫折」については語っていない）の過程のなかで、韓国は「政府帰属財産」払下げ、農地改革による地価証券の流通、援助資金の割当、戦争インフレ景気に便乗した中間搾取層の出現、などを取り込む現地産業資本家層が社会的支配層として地位を上昇させていった。そして対韓「移植」がもたらした影響は、流通過程を通じて韓国の商業資本の蓄積を積極的に促し、この商業資本によって韓国は対米輸出に専念できる経済的環境を整えていった[6]。

このように、当時の韓国を「周辺部資本主義」への移行期と位置づけた李大根は、対米従属型の経済発展と産業資本家層の地位向上とのあいだにある深い関わりを重視する。もっとも、ここにいう産業資本家層とは誰なのか、必ずしも明確に示されているわけではない。しかし、"「政府帰属財産」払下げ、農地改革による地価証券の流通、援助資金の割当、戦争インフレ景気等に便乗した中間搾取の出現"という時期に成長した階層として指摘されていることから、それは1950年代末に急成長をとげた「特恵財閥」を指していると考えられる。

◆ 3—3　植民地半封建社会構成体論と周辺部資本主義社会構成体論

「特恵財閥」が急成長をとげた1950年代の韓国の事情について、梶村秀樹は次のような分析を行っている。

「南朝鮮の政治経済は、1945年の旧日本帝国主義の崩壊以来60年代初頭まで一貫して米国帝国主義の支配下にあった。いわゆる「隷属資本」も、米国帝国主義の支配体制の枠の中で、それに最も適合する存在たることによって、その地位を占めたものに過ぎない。［中略］米国は、特に朝鮮戦争後、本格的に一群のいわゆる隷属資本を育成強化し、それを旧日帝時代の地主階級にかえて自己の南朝鮮支配の支柱とした。［中略］従来帝国主義は一般におくれた封建的

勢力と手を結ぶのが通例とされてきたが、第二次大戦後、新植民地主義といわれる支配政策の下で、事情がかなり異なってきていることが指摘されるようになっている。この点とも関連して、南朝鮮において中心的支配力が地主から「隷属資本」へ移されたことは注目され、「隷属資本」を中心とする政治経済体制の運動法則とその意味の検討が要請される[7]」。

梶村がみる「特恵財閥」とは、このように米国資本・政治に対する「隷属資本」を意味していた。

「特恵財閥」は「隷属性」を帯びた資本である。そうみなした点において、梶村説は「周辺部資本主義論」の一翼を担っていた。そして、1950年代までを「植民地半封建社会構成体」として定義づけた点で、梶村説は「周辺部資本主義論」がそれまで曖昧にしてきた「植民地／半封建社会」としての歴史的区分を明確化したといえる。従来の「周辺部資本主義論」が抱えてきた歴史的区分の限界性を克服した点で、梶村説が果たした役割は大きい。

梶村によれば、韓国にみられた「植民地半封建社会構成体」は、「［米国が］旧日帝時代の地主階級にかえて［隷属資本を］自己の南朝鮮支配の支柱とした」過程で形成された。すなわち、同「構成体」が持つ特異性は、韓米両政権や米国資本に隷属した「特恵財閥」を米国政府が育成強化した点にあるというのが梶村の見方である。

この梶村説に対しては本多健吉が、中心部資本主義国による影響のみを強調し旧植民地諸国を一括りにしてしまうのではなく、周辺部資本主義国の内部構造にもしっかりと接近し得る理論的枠組みが必要であるとした。そのうえで本多は、資本主義的生産様式と前資本主義的生産様式との双方によって形成される下部構造に着目した。そして、この下部構造を土台に植民地的上部構造が築かれるとし、上下両構造が独特の方法で接する運動体を「周辺［部］資本主義社会構成体」と呼んだ。もし上部構造と下部構造との接合関係にみられる旧植民地諸国間の差異を軽視するならば、韓国の上部構造に現れた現象は他の「第三世界」の上部構造に現れた現象と同じだとみなされ得る（現実はそうではなかった）。本多はこれに異議を唱え、旧植民地諸国における「周辺［部］資本主義社会構成体」の多様性を強調したのである[8]。

以上を総括すると次のようになる。一般に「周辺部資本主義論」は旧植民地

第1章　「制度移植」をめぐる研究史

諸国が「周辺部資本主義」へと移行することを説くが、梶村は韓国の場合その移行期が「植民地半封建社会構成体」の形をとって1950年代まで継続したとし、そこに韓国の特殊性をみた。対して本多は「周辺［部］資本主義社会構成体」が持つ多様性を強調し、その現象として50年代の韓国経済が機能したとみた。

　そもそも梶村説によるところの韓国資本主義は、日本の植民地支配下にあった1930年代の「満州ブーム」の時代、より包括的には「大陸兵站基地化」政策が展開された時代からすでに「従属的発展」が始まっていた[9]。梶村説では、旧植民地が封建的な前資本主義社会構成体から周辺部資本主義社会構成体へと移行する際にはその中間段階として「植民地半封建社会構成体」を通過すると規定するが、ここでは同「構成体」は、封建制的ウクラード[10]と資本制的ウクラードとが混在する社会形態として成立するもの、具体的には、先進諸国側（後進地域を植民地化した側）の資本と経済システムが「制度移植」を通じて植民地市場に進出した後、被移植国が利潤獲得機会を奪取するまでの期間に形成されるものと解釈される。すなわち、第二次大戦終結後の世界において、先進諸国による旧植民地の放棄以降1950年代までの期間が「植民地半封建社会構成体」とみなされる。これに従えば、ブルームフィールドらの対韓「金融制度改革」についても、自国型金融システムの「制度移植」が試みられた点で、同「構成体論」の応用型として捉えることができる。

　「植民地半封建社会構成体論」によれば、同「構成体」のもとでは植民地としての隷属性と前近代的な封建社会とが混在しつつ存続することにより、韓国の場合、米国の対韓「金融制度改革」を契機として成立した「特恵財閥」（梶村のいう「隷属資本」）が、政財界癒着構造のもとで支配側（韓米両政権と米国資本）に最も利用しやすい被支配資本として機能した[11]。同時に、「特恵財閥」自体も時の政権との強い政治的結びつきを利用しながら「政府帰属財産」払下げ以降、その恩恵を独占的に享受し、これを通じて自らの存続基盤を維持・強化することができた。

　以上により梶村は、当時の韓国は特定企業や特定個人に独占的な恩恵を与える半封建的社会のなかで、米国（梶村説にいう中心国）向け輸出拡大路線に乗り利益の極大化をはかる「隷属資本」（「特恵財閥」）を生み出した点で「植民地半封建社会構成体」の段階にあったと規定する。そして1960年代に入ると、

韓国を含むすべての旧植民地諸国はその実態において「植民地半封建社会」なる概念の枠組からはずれ、「周辺部資本主義社会構成体」として新たな段階へ移行し始めたとする。

この議論の基となるものとして登場したのがラテンアメリカ経済の従属性を説く「(新) 従属理論」である。梶村は次のように述べている。

「第二次大戦後も、1950年代まではこうした「植民地半封建社会」認識が惰性的に持続してきた。しかし、60年代以降になると、世界資本主義の戦後新段階において、独立を回復した旧植民地への論理の一層の浸透による構造変容が目のあたりに広汎に展開するにつれ、こうした現状にややそぐわなくみえてきた「植民地半封建社会」の概念は、現状分析には、何となく使われないようになってきた。それに代わって登場し、受け入れつつあるのが、いわゆる従属理論、なかんずく、第三世界における推移を「前資本主義社会構成」から「周辺資本主義社会構成」への推転ととらえる［理論である］[12]」。

これはサミール・アミン (Samir Amin) のいう「スケールの大きい世界史の理論」を意識した議論である。

すなわちアミンの歴史観においては、1960年代の世界資本主義は米国という主導的な「中心部資本主義社会構成体」とラテンアメリカに代表されるような従属的な「周辺部資本主義社会構成体」から成っている。これにより、中心部資本主義に発展を規定され、歪曲され、封じ込まれる「周辺部資本主義社会構成体」としての「第三世界」の存在が必然化される。米ソ冷戦構造下において、50年代の米国は中心部資本主義としてのインパクトを「周辺部資本主義社会構成体」としての「第三世界」に及ぼし続けた。そのインパクトが60年代に至り旧植民地諸国の従属性をより強めることになったというのである。

この「(新) 従属理論」の意義は、世界資本主義の普遍的動向を中心部資本主義国・米国とその従属地域・ラテンアメリカとの「支配─従属関係」のなかで捉えようとしたところにあった。しかし、旧植民地諸国の多様性を明らかにする点に乏しく、従属地域としてラテンアメリカのみを対象とした点で、逆に普遍性に欠けるとの批判もあった[13]。

梶村説はこの批判を乗り超え、特に1960年代以降の韓国資本主義にみられた対米従属性に着目し分析を加えることで、アミン説をより普遍化する方向で独

第1章 「制度移植」をめぐる研究史

自の論理体系を提示した。

◆3—4 従属的国家独占資本主義論

アミン説を論じるに際し本多健吉はまず、「社会構成体」とは上部構造(法律的・イデオロギー的諸要素)と下部構造(生産諸様式——一定の生産力に結びついた生産の社会的諸関係＝生産諸関係)との接合体であると規定した[14]。そのうえでアミン説を次のように批判した。

「アミンの社会構成体は、下部構造要素である生産様式のレベルによってのみ定義される。そしてそれ故に、かれの理論では植民地期と国家的独立期の相違が無視され、立論が、周辺部社会は資本主義世界経済からの「切断de-linking」が見られない限り、継続的に複合的生産様式社会として宿命づけられるという静動態的色彩を帯びたものになってしまっている。この宿命論はまた、周辺部内部構造分析に対する外的規定性の優越性の強調に結びついている点で、周辺部社会内部構造分析に対するその折角の重要な理論的枠組みの提起が活かされないままになっている[15]」。

本多説によるこの批判は、アミン説が中心国と周辺国との関係のみを重視するあまり、周辺部資本主義国内部における構造分析が疎かになってはいないかと危惧したものである。この多元的な視点は、「国家独占資本主義論」と「周辺部資本主義論」、そのいずれかのみに固執すべきではないとする諸説へと連なった。その意味で、本多説がもたらした影響は大きい。

ただし、アミンにいう「社会構成体」とは諸生産方式の「接合」を意味するものであるから、政治権力と結びついた生産主体の階級的要素(本多説にいう上部構造、すなわち法律的・イデオロギー的要素)にも接合している。したがって、"アミン説の視点は下部構造のみに限定され過ぎている"という本多の分析の当否を見極めるにはさらなる検証が必要であろう。

多様性を重視しようとする本多の考え方は、坂田幹男にも引き継がれている。坂田は、韓国資本主義を一方的に類型化して分析するのではなく、韓国資本主義の持つ二重構造のそれぞれに個別の分析を加えることで逆に双方を統一することができるとし、この視点を持って同国資本主義の多様な発展過程を包括的に見極めるべきだとした[16]。坂田説に近い見解として、朴一による説が挙げら

れる。彼もまた、韓国の経済発展を正確に分析・把握するにはある特定の発展段階説に依拠して解釈を加えるのではなく、韓国資本主義それ自体のなかに内在している多様な発展の可能性をまず直視すべきだと説いた[17]。

　本多は、1950-60年代の韓国資本主義が一貫して従属支配下のなかで生成したという説に反論し、朴正煕政権以後においては政府の主体性によって「民族主義」路線が実現された点を重視する。すなわち、朴政権が強い自立性によって国内で「開発独裁」体制を確立していた側面を重視し、すでにその前段階の1950年代には、「制度移植」のもとで中心部資本主義国・米国の影響を受けながらも韓国では国家独占資本主義が上部構造に影響を及ぼしていたとみなすのである。

　このように本多説においては、1960年代韓国の政治経済構造を特徴づけたのは朴正煕政権下における「開発独裁」体制であるとし、この権威主義的な体制下で進められた"暴力的"開発が、「従属的国家独占資本主義」段階としての韓国資本主義の特徴をより鮮明化させたと解釈する。50-60年代韓国資本主義について、本多は「従属的国家独占資本主義」という概念を用いることで梶村説（同年代の韓国資本主義を「植民地半封建社会構成体から周辺部資本主義社会構成体への移行」とみなす説）とは異なる視点を提示したといえる。

　いずれにせよ、1950年代に蓄積された商業資本は、60年代においては産業資本へと進化していった。しかし50年代の政府主導型開発事業は、その本質においては中心部資本主義国・米国の主導により推進されたものであり、その意味では、当時の韓国は梶村や李大根がいうところの「周辺部資本主義国」であったといえる。

　ただし、1950年代の韓国が朝鮮戦争休戦後、「制度移植」の「挫折」を通じて商業資本を蓄積していった事実は軽視されてならない。つまり、「制度移植」の「挫折」を起因に新興民族資本（後の「特恵財閥」）が米国（中心国）の援助のもとで次第に社会的支配力を強め、商業資本の領域へと浸潤していった50年代の過程を無視して、60年代の飛躍的経済発展を語ることはできないということである。

　ところで、上述の諸説とは異なり、1950-60年代の韓国資本主義を開発・発展論の視点から評価、定義づける説もある。次に述べる「新古典派開発理論」

がそれにあたる。

✧第4節　新古典派開発理論

◆4—1　輸出志向型工業化政策

「新古典派開発理論」に立つ渡辺利夫は、1960年代の韓国にみられた「(最終消費財の)輸入代替工業化政策」から「(同じく最終消費財の)輸出志向型工業化政策」(または「輸出第一主義」「外向き開発戦略 outward-looking development policy」)への転換の成功を、「圧縮された産業発展パターン」(「圧縮された成長」)として位置づける。輸入代替期から輸出拡大期への短期の移行、すなわち発展段階の時間的「圧縮」を指してこれを「圧縮された産業発展パターン」と呼び、この転換を手際よくなしとげた数少ない開発途上国として韓国を高く評価するのである[18]。これは、朴正煕政権が外貨獲得に向けた国際競争力強化策の柱として「第1次経済開発5ヶ年計画」を重点的に進めた結果、韓国では輸出と歳入が増加に転じ、国内資源調達と内需拡大が促されたとする議論である。

渡辺はまた、朴正煕政権が"市場開放"に基づく資本と財と労働の交換・移動の自由を経済政策の原理に据え、輸入においても単なる部分的自由化ではなく、「ポジティブ・リスト方式」から「ネガティブ・リスト方式」への全面切り替えによって自由化の完成度を一気に高めていったことを例示する。すなわち、「輸出志向型工業化政策」のみならず輸入においても全面自由化・例外的規制方式へと転換をはかった点に注目し、これを韓国高度経済成長の成功要因とする。

渡辺が指摘するように、それ以前の1950年代「輸入代替工業化政策」が高関税障壁や数量統制などの輸入制限策措置、あるいは国内産業の手厚い保護政策によって可能となったことはいうまでもない。そして朴正煕政権下の60年代「輸出志向型工業化政策」が韓国の工業化の推進に大きな影響を与えたことも確かである。しかし、50年代「輸入代替工業化政策」については、その本質に改めて目を注ぐ必要がある。50年代韓国経済について細かな分析を加えるならば、「新古典派開発理論」が批判の目を向けるような一連の政策、すなわち、

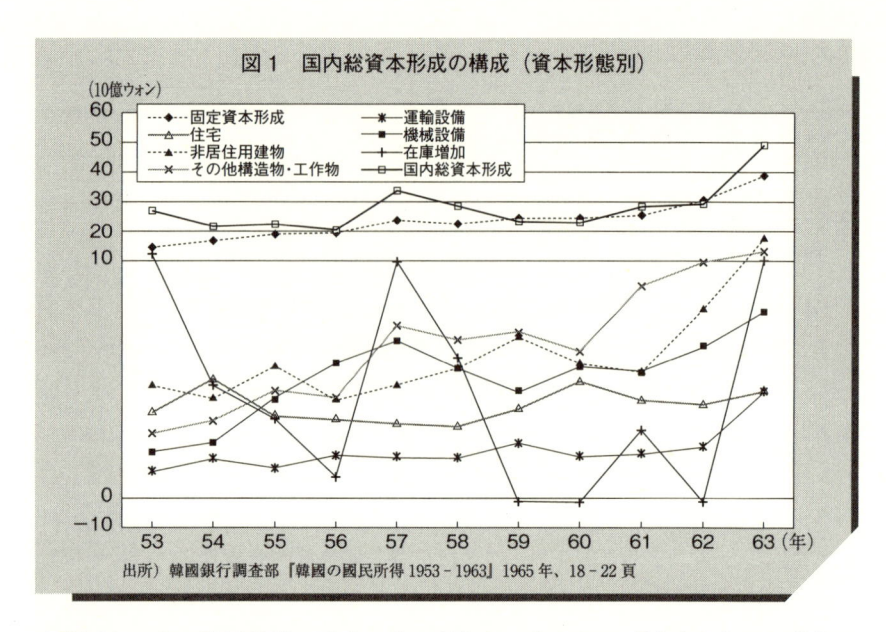

図1 国内総資本形成の構成（資本形態別）

（10億ウォン）凡例：固定資本形成、住宅、非居住用建物、その他構造物・工作物、運輸設備、機械設備、在庫増加、国内総資本形成

出所）韓國銀行調査部『韓國の國民所得 1953-1963』1965年、18-22頁

　当該国が一定の発展段階に達するまで行われるとされる「内向き」の工業化や国内産業保護策からは、もう一つの事実が浮き彫りとなるのである。それは、60年代「輸出志向型工業化政策」を実質的に支えた輸出主導型資本はもともと50年代「輸入代替工業化政策」の時代に現れた「特恵財閥」によって担われ、この「特恵財閥」は50年代の対韓「制度移植」の「挫折」という歴史的過程を通じて生成されたという事実である。

　復興期韓国においては、まず国営企業を中心に鉄道、通信、電力など社会基盤の整備が行われ、その上にセメント、精油、化学肥料などの基幹産業が発展をとげた。その結果として「輸入代替工業化政策」から「輸出志向型工業化政策」への転換が可能となった（政策の転換に至る国内総資本形成の構成の変化を図1、図2に示した）。輸入規制、関税障壁、金融支援、内国税減免、財政投融資など、「輸出志向型工業化政策」への転換を可能にした政策そのものが、国営企業を支える政府の各種事業によって牽引されたことは明らかである。この事実を直視するならば、「輸入代替工業化政策」から「輸出志向型工業化政策」への移行は、「圧縮された産業発展パターン」によるものであったとともに、それに先立つ政府主導型の開発政策と、そのもとにある「特恵財閥」の台

第1章 「制度移植」をめぐる研究史

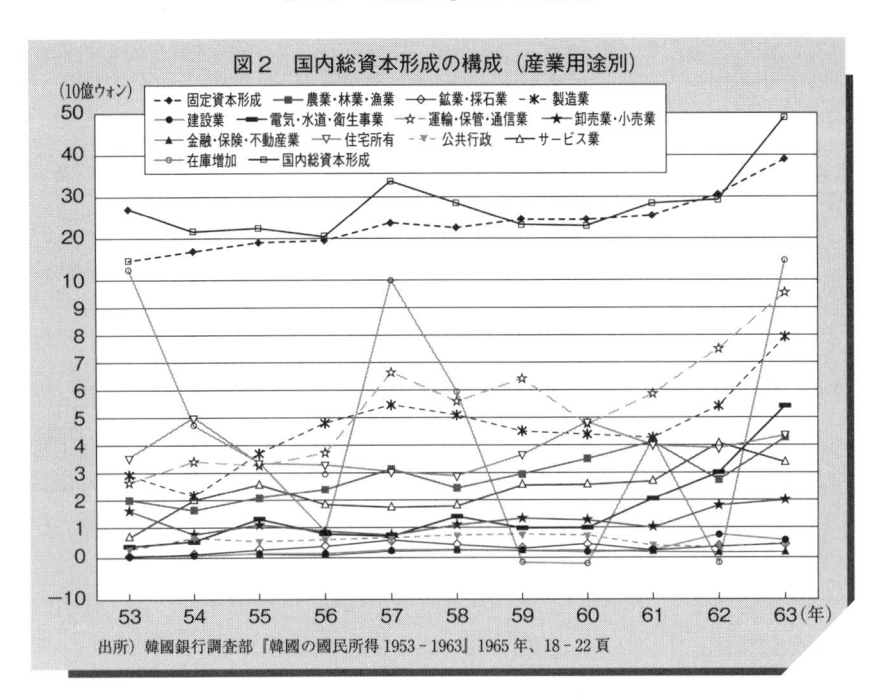

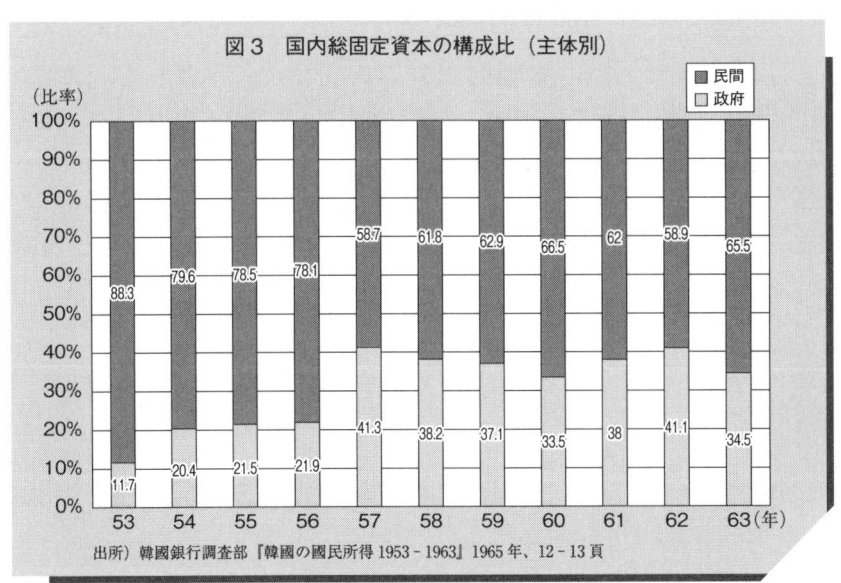

図2 国内総資本形成の構成（産業用途別）

出所）韓國銀行調査部『韓國の國民所得 1953-1963』1965年、18-22頁

図3 国内総固定資本の構成比（主体別）

出所）韓國銀行調査部『韓國の國民所得 1953-1963』1965年、12-13頁

頭によって可能となったとすることができるのである（国内総固定資本の構成比に占める政府割合が1957年以降に高まった経緯を図3に示した）。

　こうした観点から、本書では、「新古典派開発理論」にいう「市場化」や「輸出志向型工業化政策」を可能にしたのは1950－60年代における政府主導の「政策的連続性」（第5章詳述）とそれを牽引した「特恵財閥」であり、そうした流れそのものは米国による対韓「制度移植」の「挫折」によって生み出されたとする立場に立つ。

◆ 4－2　輸出志向政策に先立つ1950年代「総合開発事業計画」

　実際、「第1次経済開発5ヶ年計画」（1962－66年）に代表される韓国の政府主導型経済政策は、1948年の建国直後に李承晩政権が策定した長期開発計画やその実行機関の新設構想を手始めに着手されたものである。これが朝鮮戦争の休戦協定締結（53年）後、対韓援助の見直しを目的に導入された「財政金融の自主的安定化策」（57年発表）や、休戦後初の長期開発計画となった「経済開発7ヶ年計画」（60－66年。59年発表）によって本格的に展開されていくのである（産業別GNP成長率の推移、および産業別GNPの構成比を図4、図5に示した）。

　しかもこれらは、政府主導型経済政策とはいえ、実質的には米国による対韓経済援助を背景とした"引き換え"的性質を色濃く帯びるものであった（朝鮮戦争休戦後の援助受入額を図6に示した）。米国は援助と引き換えに、その一環として「総合開発事業計画」を作成し、計画の実行を韓国政府に迫った（むろん、韓国政府自らの手になる計画も含まれていた）。その概要は次に示す通りである。

　1950年12月、まず国連決議により国連韓國再建團（UNKRA）が結成され、UNKRAは52年12月の「ネイサン報告書」の「5ヶ年計画」（53－57年）を54年2月に受け入れて、同報告書に基づく「韓国経済再建計画」を実施した。また、タスカ調査団の「タスカ報告書」（53年）に基づく「3ヶ年・総合経済計画」（54－56年）終了を控えた56年には、韓国政府が独自の「経済復興6ヶ年計画」案の作成に取りかかった（第2～第4章詳述）。これらにより、均衡財政の維持、単一外国為替相場、競争価格、民間企業の育成など、米国型の市場主

第1章 「制度移植」をめぐる研究史

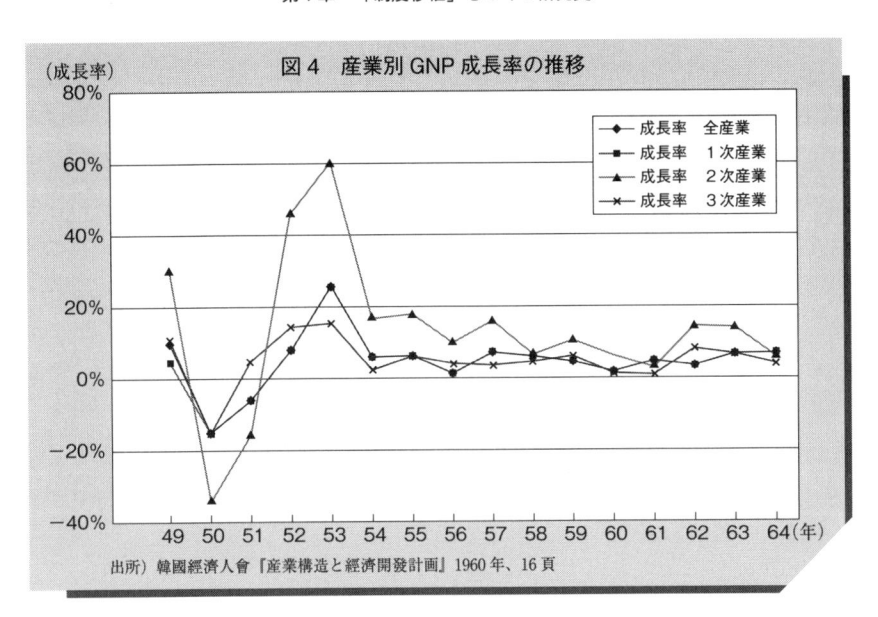

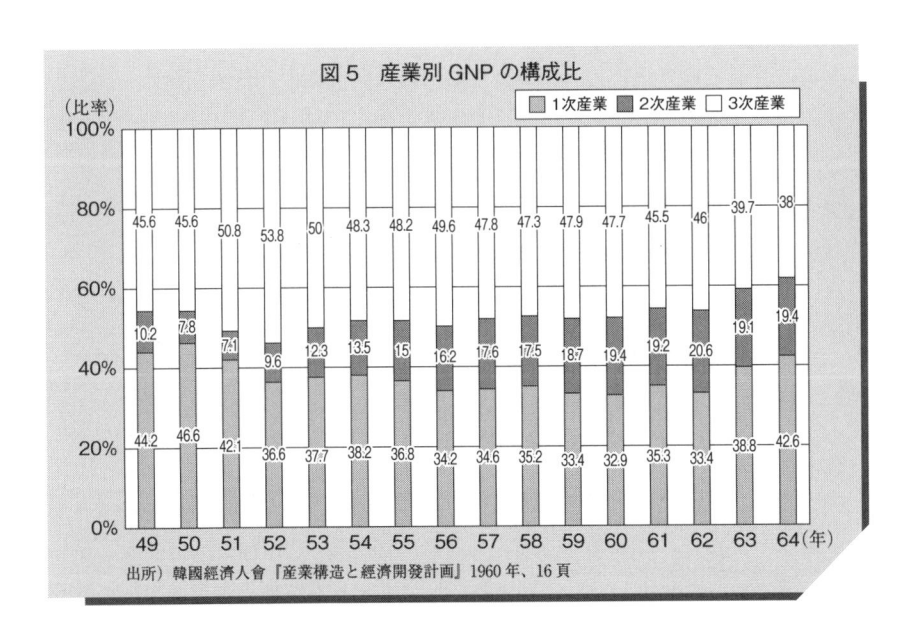

図4 産業別GNP成長率の推移

出所) 韓國經濟人會『産業構造と經濟開發計画』1960年、16頁

図5 産業別GNPの構成比

出所) 韓國經濟人會『産業構造と經濟開發計画』1960年、16頁

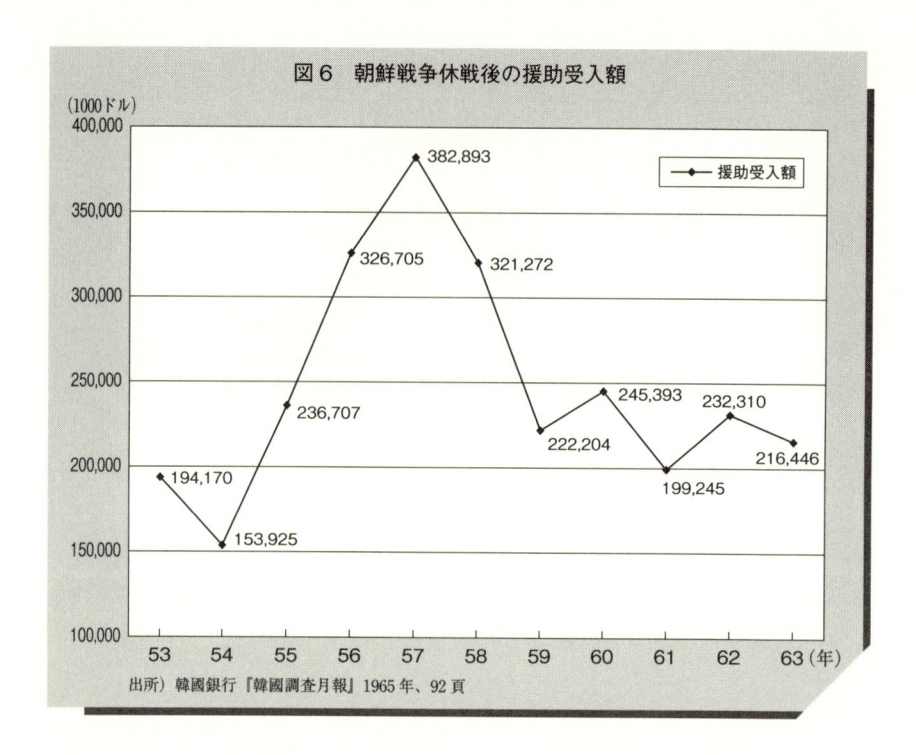

図6 朝鮮戦争休戦後の援助受入額

(1000ドル)
- 53年: 194,170
- 54年: 153,925
- 55年: 236,707
- 56年: 326,705
- 57年: 382,893
- 58年: 321,272
- 59年: 222,204
- 60年: 245,393
- 61年: 199,245
- 62年: 232,310
- 63年: 216,446

出所）韓國銀行『韓國調査月報』1965年、92頁

義を機能させる取り決めや、援助資金の活用に関する取り決め（財政と金融の安定に寄与する資金配分方式など）が定められた。援助依存型経済構造の脱却を目指す「総合開発事業計画」案は細部に及んだ。

その後1950年代末、米国は自国の国際収支悪化に伴うドル危機に見舞われた。これにより米国は対韓援助政策を「贈与」から「借款」に切り替え、韓国政府自らの主導による自立的経済振興策を基本とした新たな「総合開発事業計画」の策定に入った。また、これに対応するため、1958年3月には李承晩政権によって産業開発委員会が設立された。同委員会のもとでは59年4月、「経済開発7ヶ年計画」（60-66年）が構想されたが、同計画のうちのおよそ半分が「経済開発3ヶ年計画」（60-62年）に充てられた。

次いで、李承晩政権崩壊後の1960年8月に誕生した張 勉(チャンミョン)政権がこの「3ヶ年計画」を土台に「経済第一主義」（「新経済開発5ヶ年計画」）を発表、そしてこの構想が、翌61年の「5・16軍事クーデター」で政権を奪取した朴正煕政

第 1 章 「制度移植」をめぐる研究史

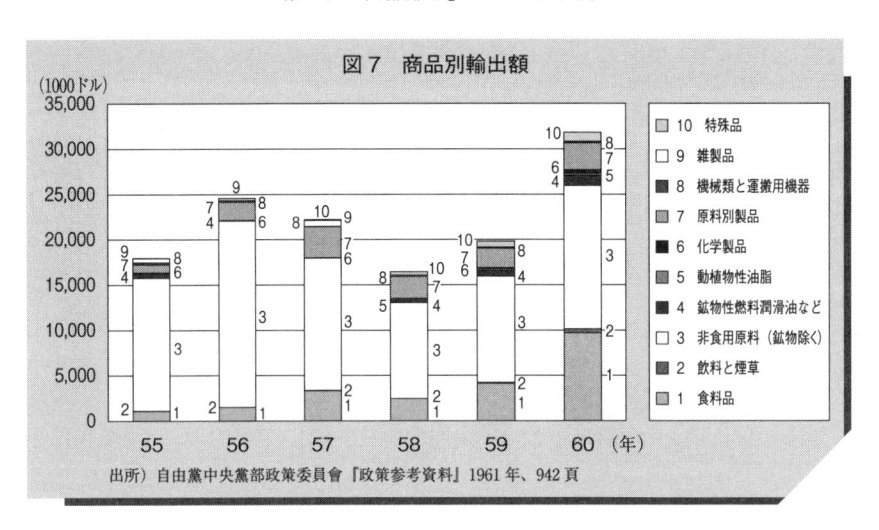

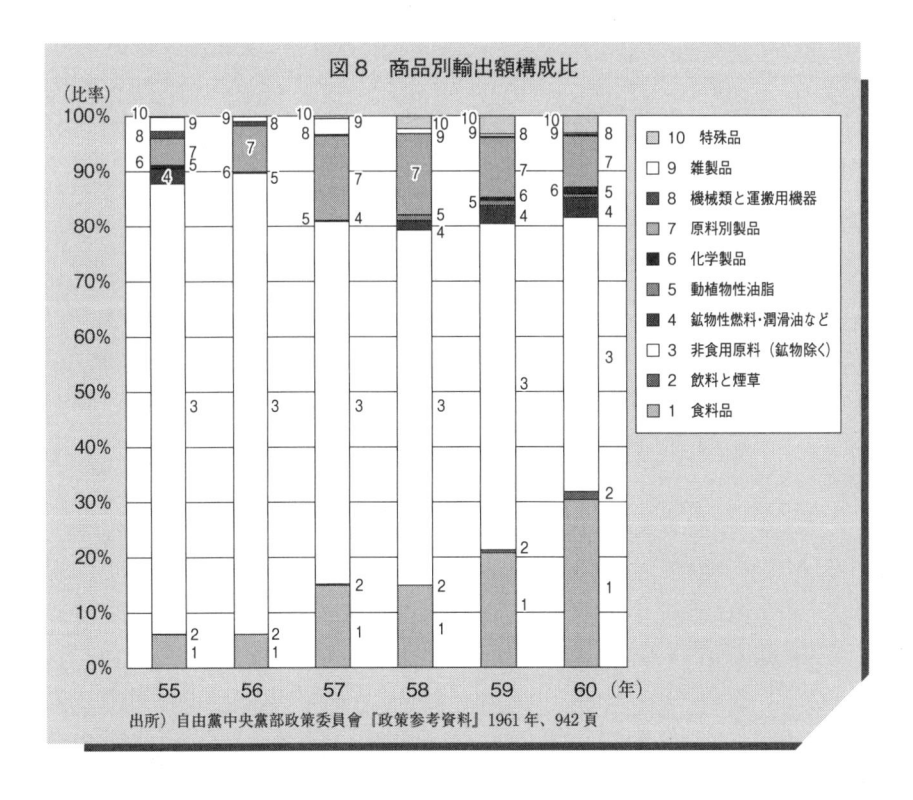

図7 商品別輸出額

出所) 自由黨中央黨部政策委員會『政策參考資料』1961年、942頁

図8 商品別輸出額構成比

出所) 自由黨中央黨部政策委員會『政策參考資料』1961年、942頁

凡例:
1 食料品
2 飲料と煙草
3 非食用原料（鉱物除く）
4 鉱物性燃料・潤滑油など
5 動植物性油脂
6 化学製品
7 原料別製品
8 機械類と運搬用機器
9 雑製品
10 特殊品

権に引き継がれ、前述の「第1次経済開発5ヶ年計画」として実行に移されていったのである（第4～第5章詳述）。

　このように1960年代「輸出志向型工業化政策」の柱となった最終消費財の輸出力は、すでに50年代「輸入代替工業化政策」によって強化されてきた（商品別輸出額およびその構成比を図7、図8に示した）。そして最終消費財の輸出競争力、輸出高の増加は、50年代に始まる一連の政府主導型「総合開発事業計画」と、それを牽引してきた「特恵財閥」の存在、さらにそれらを生み出した対韓「制度移植」の「導入→挫折」の歴史に多くを負っていた。

　「新古典派開発理論」が唱える「圧縮された産業発展パターン」は、1950年代以来とられてきた政府主導型「総合開発事業計画」の帰結によってもたらされた成果であったことを視野の外に置くことはできない。この間、「制度移植」という「外側の要因」は見えざる歴史の伏流水として一貫して韓国経済の地下水脈を流れていたのである。

第5節　まとめ

　以上、1950－60年代の韓国経済の特質をどう定義づけるべきか、その解釈をめぐる80年代後半の「韓国資本主義論争」の諸説をもとに検討を試みた。60年代の韓国高度経済成長の要因に関する各説共通の見解は、まず第一に、そこに独裁政権による徹底した政策介入（政府主導型経済政策）を認めた点であり、次に、その背後に中心部資本主義国・米国による「制度移植」の導入を挙げた点である。実際、前者については史実が示すところであり、後者については米国型市場主義を機能させるための各種取り決めや援助資金の配分方式など、政策理念の領域にまで及んでいたことは周知の通りである。

　一方、それら諸研究とは異なる系譜として、「新古典派開発理論」のように、「移植」を経て実現した高度経済成長は「圧縮された産業発展パターン」（「輸出志向型工業化政策」）によってもたらされたものとみなし、当時の経済政策を高く評価する説も存在した。

　しかし、各説ともに、1950－60年代の対韓「金融制度改革」をめぐる紆余曲折、なかでも「制度移植」がもたらした正負のプロセスや、「所有と経営の未

第1章　「制度移植」をめぐる研究史

分離」を特質とする「韓国財閥」の特異な成立要因および高度経済成長に果たしたその役割については、十分な検討が行われているとは言い難い。

　重要なのは、「韓国財閥」の特質や韓国経済の成長要因がともに、ブルームフィールド、ジェンセンらが試みた「制度移植」策の「挫折」に深く関わっていたという歴史的事実である。1950年代の韓国財閥が「特恵財閥」と呼ばれるように、その存在は、「制度移植」を受け入れた韓国政権との深い癒着関係と、そのもとでなされた特恵的な「工場」払下げや「銀行株」払下げによって生成したところに特徴がある。

　「工場」払下げは有力な生産手段を各財閥に極めて有利な条件で供与した。また、「銀行株」払下げは「韓国財閥」の生成にとどまらず、韓国経済そのものの歩みをも特徴づけるものとなった。

　従来の議論において、特恵的払下げの対象として専ら挙げられてきたのは「工場」である。しかし大規模な「銀行株」もそこに含まれていた事実が重要である。生産手段としての「工場」のみならず、金融支配の要としての「銀行株」も米国型金融システムの「制度移植」を背景にして払下げの対象とされていたのである。

　「特恵財閥」を「隷属資本」と規定した梶村は、韓国型財閥が「植民地半封建社会」（本多説にいう1950年代の「従属的国家独占資本主義」段階）のなかで育成強化された過程を以下のように述べている。

　「1930年代以来、隷属性を強めていた土着総資本の土壌の中から、有利な状況にめぐりあって、以前よりもさらに大きな規模の「解放後型隷属資本」が、急速に芽生え、成長していくこととなった。[中略] この時期においては、工場や銀行株の払下げを受けて巨大な資本に成長する最も有利な条件は、近代的経営手段などよりも李承晩権力との個人的結びつきすなわち「特恵」であったといえる[19]」。

　梶村が明らかにするように、「隷属資本」としての「特恵財閥」が巨大な資本へと成長するには「李承晩権力との個人的結びつき」が最大の条件となった。しかし、このような癒着構造は、ブルームフィールドらによる「制度移植」策の挫折・失敗型として現れた「銀行株」払下げを起因にいっそう強化されたものであったのである。

「制度移植」をめぐる議論は、韓国経済の特異な諸点を明らかにするうえで大きな意味を持ち得るだろう。その論点を整理すると以下のようになる。

　第一に、「制度移植」の一環として進められた「銀行株」払下げは、政権の政治介入によってその後の韓国経済の発展のあり方を特徴づける契機となった。それは韓国金融資本全体の形成に多大な影響を与えながら、「特恵財閥」が産業界全般に覇権を確立していく出発点となった。

　第二に、対韓「金融制度改革勧告」（「ブルームフィールド勧告」）は、こうした「特恵財閥」の生成と並進する形で挫折した。「制度移植」の挫折と「特恵財閥」の形成は、この時期、表裏一体をなしながら進行することとなった。

　第三に、「特恵財閥」が担った1950年代「輸入代替工業化政策」は、輸出における対米依存度の高さを前提に進められた。それは本質において政府および「特恵財閥」主導の経済発展といえるものであり、60年代以降も続くこの発展構造は「制度移植」の「挫折」を経て形成されたものであった。

1) 李大根「第1章　韓国資本主義の性格に関して―国家独占資本主義によせて」（本多健吉監修『韓国資本主義論争』世界書院、1994年）5－36頁。
2) 朴玄埰「第4章　統一論としての自立的民族経済の方向」（本多健吉監修『韓国資本主義論争』世界書院、1994年）140頁。
3) 李大根、前掲書、11頁。
4) 同上書、28頁。
5) 同上書、30頁。
6) 同上書、32頁。
7) 梶村秀樹『朝鮮における資本主義の形成と展開』龍渓書舎、1985年、245頁。
8) 本多健吉「第8章　韓国資本主義の歴史的位置について―韓国資本主義論争によせて」（本多健吉監修『韓国資本主義論争』世界書院、1994年）308－309頁。
9) 梶村秀樹、前掲書、237－238頁。
10) ウクラードとは、一国の社会・経済構造を分析する際の構成要素を成す。ここでは、特定の生産過程に基づく概念としてこの用語が用いられる。
11) 渡辺利夫『現代韓国経済分析―開発経済学と現代アジア』1982年、勁草書房、245頁。
12) 梶村秀樹「第3章　旧植民地社会構成体論」（富岡倍雄・梶村秀樹編『発展途上経済の研究』世界書院、1984年）87頁。
13) 本多健吉〔1983〕『南北問題の現代的構造』日本評論社、305頁。
14) 本多健吉、前掲書、305頁。
15) 同上書、308－309頁。

16) 坂田幹男「低開発国『国家資本主義論』の現段階―国家資本主義論の二類型把握を中心として」(大阪市立大学経済学会『經濟學雑誌』86号第3巻、1985年) 64頁。
17) 朴一『韓国 NIES 化の苦悩―経済開発と民主化のジレンマ』同文舘出版、1999年、27‐28頁。
18) 渡辺利夫、前掲書、8頁。
19) 梶村秀樹、前掲書、1985年、255‐256頁。

第2章　援助経済下の「金融制度改革」

1950年代韓国にみる「制度移植」の挫折

✢第1節　はじめに

◆1－1　「財閥」生成期の「金融制度改革」

　「韓国財閥」の発祥に関する最も一般的な説は、その起源を1950年代の李承晩政権のもとで行われた「政府帰属財産」払下げに求め、李大統領と特別な関係を持つ民族資本・新興商人らが政治力を駆使して巨額の「特恵」（特別有利な条件による株式払下げなど）を得ることで成長したとするものである。

　「政府帰属財産」、なかでも「政府帰属（銀行）株」を手にした彼らは、実際、株式支配を通じて韓国金融界に発言力を強め、自分たちに有利な融資条件を銀行側に強要することで経済界に強力な地歩を築き、取得株売却による巨額の差益によって巨額の富を獲得するに至った。梶村秀樹はその代表例としてサム星ソン財閥を挙げ、「巨大な三星財閥は銀行株を足掛かりに、経済官僚との結合に最も「有能」であったことにより今日の富を築いた」と述べている[1]。

　「韓国財閥」の生成の起源がここに述べた経済的「特恵」に発していたことは歴史的事実である。しかし、李承晩政権によってそうした格別の「特恵」が与えられた事情については、単に一国内における政財界の癒着といった関係にとどまらず、朝鮮戦争（1950－53年）との関わりをはじめ、東西冷戦構造下で生じた強大国による国際戦略上の駆け引きが大きく影響していたことを忘れてはならない。

　米国は、冷戦構造のもと、資本主義・自由主義陣営の優越性を確固たるものとするため、西側諸国への経済援助を強化するとともに、それら諸国の国内制度に対しても種々の「改革」を迫り、米国型経済原理からみて後進的とみなされる国に使節団を派遣し、経済的慣行や恣意的経済運営のあり方について建議、勧告、政策介入を積極的に行った。「反共の砦」として位置づけられた韓国はこの種の勧告、介入を受けた最たる国といえよう。

　したがって「韓国財閥」の生成は、「政府帰属財産」払下げに先立つ1950年代前半におけるこの種の使節団派遣、諸制度の改革、とりわけ「金融制度改革勧告」（「ブルームフィールド勧告」）開始の時期まで遡ってその沿革を求めなければ十分とはいえない。事情と経緯は以下の通りである。

第2章　援助経済下の「金融制度改革」

（1）第1章で記述したように、ブルームフィールド、ジェンセンを責任者とする「金融制度改革チーム」は、「金融制度改革」に向けた勧告書を作成し、その中心課題を「金融民主化」に定めた。その一環として提唱されたのが「間接金融主導から直接金融主導へ」というものである。

　それは企業の資金調達を「直接金融」によって行うことにより、それまでの「ピラミッド型」金融制度（中央銀行を頂点に一般民間金融機関をその傘下に収めるシステム）から、中央銀行の中立・独立性を重視する米連邦準備制度理事会（FRB）型金融制度へと移行させることであった。

（2）ところが、李承晩政権はこの機を利用して、勧告の意図に反する特恵的な「銀行株」払下げを行い、特定民族資本・新興商人らとの癒着関係を深めることで自らの政権基盤の持続、強化をはかろうとした。

　これにより「直接金融市場」の成立は阻外され、旧来の政府系金融機関を主軸とする「間接金融」型の資金調達が企業金融の中心に据えられたまま持続することとなった。

　しかし、このような事態の推移は結果において韓国の政権基盤を安定化させる道でもあったため、「金融民主化」を旗印に掲げたはずの米国にとっても、「反共の砦」であるこの国の政権維持が最重要の課題となっていった。

（3）これによりブルームフィールドらの対韓「金融制度改革」は「間接金融主義の持続」「金融民主化の挫折」という結果に終わった。そして李承晩政権による恣意的、特恵的資金調達に歯止めをかけられず、特権的な企業グループとしての「韓国財閥」を生み出すところとなった。換言すれば、ブルームフィールドらの試みた対韓「金融制度改革勧告」の挫折が「所有と経営の未分離」という特異な構造を持つ「韓国財閥」の生成を強力に促すところとなった。

　以上に述べたように、1950年代における対韓「金融制度改革」の導入とその崩壊過程は「韓国財閥」の生成、成長と深い相関関係を成していた。周辺部資本主義国としての韓国・李承晩政権の政治的意図と、中心部資本主義国として

の米国の軍事的・政治的世界戦略の目論見とがここに合致し、「韓国財閥」の生成に至ったとみることができる。

　本章は、「韓国財閥」の生成を単に特恵的な「政府帰属財産」払下げにのみ求める一般的解釈を超え、その背景を作り出した米国、とりわけブルームフィールド、ジェンセンらによる対韓「金融制度改革勧告」(「ブルームフィールド勧告」)の導入とその挫折に至る諸過程をたどり直すことで、「韓国財閥」の根源的由来を明らかにするものである。

◆1―2　「金融制度改革」分析の手法

　「所有と経営の未分離」を特質とする韓国特有の「財閥」が米国による対韓「金融制度改革」の挫折によって生まれ、その生成がその後の韓国の政治経済に多大な影響を与えることになったという諸経緯を明らかにするためには、概ね次の五つの検証作業が必要となる。

　第一に、ブルームフィールド、ジェンセンを責任者とする「金融制度改革チーム」の性格とその役割を明らかにすること。第二に、同チームが派遣された当時の韓国の経済状況、とりわけ金融制度や政財界の現実を把握すること。第三に、同チームの提示した「勧告」(金融民主化)の内容とその革新性について分析すること。第四に、「勧告」が掲げた制度改革についての韓国政財界の反応を調べ、「勧告」がもたらした現地経済の利害対立とその影響を明らかにすること。第五に、米国型金融制度の対韓「移植」の試みが所期の目的からはずれ、挫折に至った構造的要因を明らかにすること。

　ここで、米国型「金融制度改革」構想を受け入れようとした当時の韓国事情について、若干の言及が必要となろう。概観すれば次の通りである。

　1940年代末、建国直後の韓国は深刻な経済的混乱に見舞われていた。日本の植民地支配を脱した後、国家統治の覇権が米国の手に移り、韓国は米国による「援助経済」体制下に組み入れられていた。第二次大戦後、「マーシャル・プラン」(欧州復興援助計画、1948年)を受け入れた欧州の被援助国同様、韓国もまた「援助経済」に特有の財政膨張、金融混乱、結果としてのハイパー・インフレーションに翻弄されるところとなっていた。

　第二次大戦の戦勝国である米国は、旧同盟国、旧交戦国、旧植民地国を問わ

第 2 章　援助経済下の「金融制度改革」

ず、戦後経済の混乱に苦悶する各国に対して、物資を中心とする経済援助の供与と組み合わせて各種使節団、経済顧問団を現地に派遣し、経済復興、経済秩序の回復を先導した。

　次章でみるように、敗戦国日本に対するJ・ドッジ（Joseph M. Dodge）、C・シャウプ（Carl S. Shoup）らの派遣、各種の政策勧告はよく知られており、これらは日本における金融、税制などの諸制度に対して抜本的な改革を提言する役割を果たした。

　これに対して植民地支配離脱後の韓国には米国務省の「経済協力局」（ECA：Economic Cooperation Administration）使節団が派遣され、深刻な財政破綻・経済危機の渦中にあった同国政府に経済援助の提供プログラムの作成や総合的な「金融・財政諸制度」の抜本的な改革提案を行って、その実行を迫った。

　ブルームフィールドらは韓国での現地調査の後、ニューヨーク連邦準備銀行のスタッフを糾合のうえ、「金融民主化」のあり方についての極めて特徴的な構想とその具体策からなる対韓「金融制度改革勧告」案をとりまとめ、米国政府を介して韓国政府（米政府主導の韓国行政機関「経済援助処」＝米国による経済援助等の受入窓口）に提示した。「シャウプ税制勧告」（1950年）の名で知られる対日「税制改革勧告」案などと同様、ブルームフィールド、ジェンセンらによる対韓勧告は「米国型金融に関する理念と制度」の対象国への「移植」、およびそのための「制度の現地化」に力点が置かれていた。

　以上の経緯を視野に収めつつ、本章では韓国における「金融制度改革」の試みの軌跡をたどり直してみたい。

　対韓「金融制度改革勧告」案の起草から挫折に至る経験をたどり直すことは、米国から他国への「制度移植」、すなわち米連邦準備制度理事会（FRB）主導による米国型金融制度の他国への導入が持つ限界の一端を明らかにする作業といえるだろう。

❖第2節　「ブルームフィールド勧告」案の概要──「1950-56年勧告書」における論点

◆2—1　新体制移行と米国モデル

　日本の植民地時代（1910-45年）における韓国の金融構造の特質は、支配国日本の官僚的金融組織機構（大蔵省）を覇権の頂点とし、そのもとに現地の擬似中央銀行として「朝鮮銀行」（朝鮮総督府の所管）を設け、宗主国日本が植民地金融諸制度を一元的に支配していた点にみることができる。被植民地国・韓国にとっては、経済運営の中枢、すなわち「中央銀行の政治的独立性」を欠いた国民経済が長らく常態化していたということである。

　米軍政府の統治時代（1945-48年）を経て建国した韓国において、ブルームフィールド、ジェンセンらは、これを独立国にふさわしい自主的・自立的・主体的な金融体制へと変えるべく新たな制度づくりへと腐心することとなった。「金融の脱植民化」を実質化する具体的なビジョンづくり（制度と権限に関するもの）が所期の作業における中心課題となったのは当然といえた。

　ブルームフィールド、ジェンセンらによる対韓「金融制度改革勧告」案（「ブルームフィールド勧告」案）の要点は次の2点にまとめられる。
　　（1）「法的整備」の緊急性の強調
　　（2）「金融組織」と「秩序確立」の必要性の強調

　その具体策としてまず構想されたのが、米国型中央銀行制度の確立である。すなわち、制度の要に「韓国銀行」（新・中央銀行）を置き、その内部に民間人を含む「金融通貨委員会」を設置するという構想である。これにより、「韓国銀行」はいかなる政治勢力からも強い独立性を維持すべきものとされ、「金融通貨委員会」は金融政策決定の最高意思決定機関として位置づけられるものとされた。また、広範な領域におよぶ任務を果たすため、「金融通貨委員会」には次に示す強力な権限、義務を付与することとされた。すなわち、
　　（1）韓国銀行総裁と銀行監督部長を除く全職員・幹事を任免する権限
　　（2）韓国銀行役職員の報酬を決定する権限、および予算・決算をはじめとする業務運営を決定する権限

第2章　援助経済下の「金融制度改革」

（3）金融通貨委員会に属する業務、経理、所有物を常時監督する義務などである。

　ブルームフィールド、ジェンセンらによるこれら「金融制度改革」構想の原型、および「金融通貨委員会」のモデルは、FRB主導による米国の金融制度とその伝統的な組織体制のなかに求めることができる。
　すなわち、中央銀行（韓国銀行）に対する政府権力の恣意的な介入を排除するために、中央銀行の内部に民間人を含む「金融通貨委員会」を設置し、同委員会に金融における中立・公平・独立の原則を貫かせるよう制度設計がなされている点にそれをみてとることができる。
　韓国に新設されるべき「金融通貨委員会」はFRBに倣って「政策の立案」と「政策実行の監督」を同時に行う機関として構想された。この改革にとってとりわけ重要だったのは、"「金融通貨委員会」は民間人を含む各界代表から構成される"とした点である。米国型金融制度に範を求めたことについて、ブルームフィールドは次のように述べている。
　「韓国銀行、そして同行による政策または業務を、国民経済における広範な業績を代表する7名からなる「金融通貨委員会」の監督下に置く。このことにより、中央銀行は政治的指令、干渉、圧力にとらわれず、金融政策の策定、実施に当たることができる。これこそ米国のFRBの基礎となる原則である[2]」。
　「金融通貨委員会」は「韓国銀行」（中央銀行）の設立とともに1950年6月12日に発足された。しかし、ブルームフィールド、ジェンセンらの対韓「金融制度改革勧告」案において最も重視されたこの米国型金融制度、すなわち「金融通貨委員会」主導型の金融制度は、結果において実現することなく形骸化することとなる。
　一見、金融の民主的運営にとって理想的かつ正当とみなされ得るこの米国型金融モデルが、なにゆえに韓国においては短期の試行のうちに十分な機能を果たすことなく「変質」の道をたどることとなったのか。自国型制度を他国へ移し植えるこの「制度移植」の試みにはいったいどのような可能性と限界があったのであろうか。

◆2—2　ブルームフィールド、ジェンセン「金融制度改革」構想

　1950年2月3日、ブルームフィールドとジェンセンは *Recommendations Regarding Central Banking Reform in South Korea*（通称「ブルームフィールド勧告」1）を発表した。この勧告書では、当時、韓国を席捲していた危機的インフレーションが国民経済にどのような影響を及ぼしつつあるのか、その詳細な分析作業に力点が置かれていた。

　同勧告書によれば、国民経済を見舞うハイパー・インフレーションの拠ってきたるゆえんは何よりも歳入を無視した過剰な政府財政支出にあり、この過剰支出は主として植民地離脱後の「経済復興」（南北分断による工業・資源等の不均等配分が南の経済力を著しく弱体化させていた）や政治的不安定性の克服に向けられたものであった。そして同勧告書では、その行き着くところがインフレ・スパイラルであり、過剰な政府支出を補填していたのが中央銀行借入（当時、旧・朝鮮銀行はなお存続し、擬似中央銀行としての機能を果たしていた）であったとした。

　もともとブルームフィールド、ジェンセンらの任務は「金融制度改革」構想の立案に置かれていたが、実際には金融にとどまらず財政の領域へも検証の目を広げざるを得なかった。過剰かつ放漫な政府支出とそれを担保する中央銀行の節度を欠いた通貨供給体制が財政破綻を招き、目下に生じるハイパー・インフレーションはその結果であることが明らかだったからである（当時の通貨量と主要経済指標を図9に示した）。

　"いまだ近代的な金融・財政制度の確立をみない国々においては金融・財政分離という国家運営の基盤（インフラ）そのものが不在であるため、それらの整備・確立から手をつけざるを得ない"──ブルームフィールドらはこのような見地から対韓「金融制度改革勧告」案を作成したといえる。彼らは同勧告書のなかで次のように述べている。

　「たとえ金融制度改革それ自体がいかに首尾よく受け入れられ、あるいは実行に移されようと、韓国にみる財政的苦境に対してそれが直ちに有効に機能し、今日の困難に終止符を打つ「妙薬」となり得るかどうかは極めて疑問である。予期せざる困難については当初より十分に覚悟を固めて事に当たらなければならない[3]」。

第2章　援助経済下の「金融制度改革」

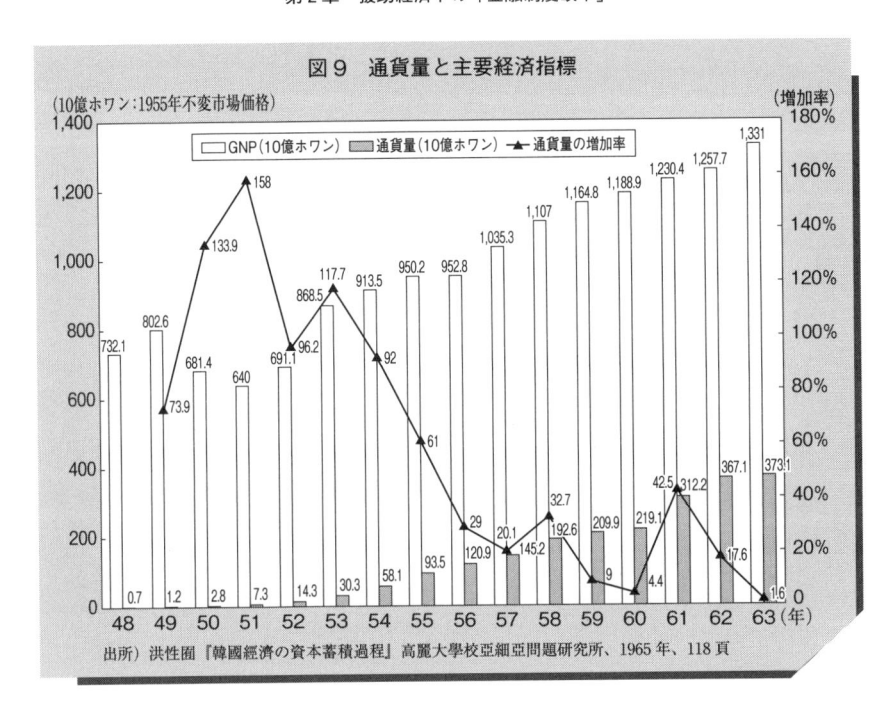

図9　通貨量と主要経済指標

(10億ホワン：1955年不変市場価格)　　　　　　　　　　　　　　　　　　(増加率)

凡例：□ GNP（10億ホワン）　■ 通貨量（10億ホワン）　▲ 通貨量の増加率

年	GNP	通貨量	増加率
48	732.1	0.7	—
49	802.6	1.2	73.9
50	681.4	2.8	133.9
51	640	7.3	158
52	691.1	14.3	96.2
53	868.5	30.3	117.7
54	913.5	58.1	92
55	950.2	93.5	61
56	952.8	120.9	29
57	1,035.3	145.2	20.1
58	1,107	192.6	32.7
59	1,164.8	209.9	9
60	1,188.9	219.1	4.4
61	1,230.4	312.2	42.5
62	1,257.7	367.1	17.6
63	1,331	373.1	1.6

出所）洪性囿『韓國經濟の資本蓄積過程』高麗大學校亞細亞問題研究所、1965年、118頁

　このように、ブルームフィールド、ジェンセンらにとっての最大の課題は金融・財政一体の解決を目指す"処方箋"の提示にあった。そして論議の末、彼らは「新・中央銀行」（韓国銀行）の創設とその機能の活用に焦点を絞り込み、他国に類を見ない中央銀行の質的・制度的強化や、権限拡充の手法を模索していくこととなった。以下に示す中央銀行改革案の骨子から彼らの議論の結果を読みとることができる。

（1）マネタリー・ディシプリン（金融節度）を喪失した旧・中央銀行（朝鮮銀行）は、これまで政府の命じるまま無際限に過剰な融資を行い、政府の財政支出を支えてきた。悪性インフレーションの発生はこの構造に由来している。

　　これに歯止めをかけるために、旧・中央銀行（朝鮮銀行）に代わる「新・中央銀行」を創設すること（後にこれが「韓国銀行」として結実する）。

（2）「新・中央銀行」には次に挙げる強大な権限を付与すること。

①「融資管理権」(対政府融資を含む) と「通貨供給量規制権」。これは絶対のものとして確立される必要がある。
②「金利規制権」。これは必要に応じて民間を含むすべての金融機関に発動される必要がある。
(3) 中央銀行をもってすべての金融政策に関する最終責任者とすること。

これらは中央銀行に健全な融資管理機能を持たせるための条件整備として最優先に検討されたものである。ここではこれまでの安易かつ無際限な財政支出に歯止めをかけることが悪性インフレ克服・スパイラル回避への前提条件と考えられていたことがわかる。ブルームフィールドらは次のように述べている。

「朝鮮銀行にみられるような節度なき過大な信用供与が結果として財政膨張に拍車をかけた。そこでは中央銀行として果たすべき役割の初歩の一歩が無視されてきた[4]」。「中央銀行による適切な統制能力が欠落していたため、融資管理者としての機能および責務において欠陥が露呈した。これが過度の信用供与による政府財政の膨張をもたらし、インフレーションと引き換えに現政権の維持を許す結果に繋がった[5]」。

こうして彼らの対韓「金融制度改革」構想の中心に、「新・中央銀行」の創設とその枠組み設計が据えられることとなった。

◆ 2—3 「新・中央銀行」創設構想

強力な権限と機能を備えた「新・中央銀行」(韓国銀行) の創設計画を具体化するため、ブルームフィールドらはまず旧・中央銀行 (朝鮮銀行) 解体案をとりまとめ、旧・中央銀行のこれまでのあり方を次のように論難した。

「適切な統制能力の不足ゆえに融資管理者としての機能と責務を放棄したに等しく、結果として、過剰な信用供与によって極端な悪性インフレを引き起こす財政膨張を許してしまった[6]」。

当時の韓国の政財界、とりわけ政界と金融界とのあいだには極度の癒着関係が存在していた。米国金融界の常識、通念に照らして、その現実はブルームフィールドらにとって目に余るものと映じたことは明らかである。彼らはこの悪弊に、財政節度の欠落や、結果としての悪性インフレーションの真因を求め、

第2章 援助経済下の「金融制度改革」

こう記している。

「韓国においては、財政節度の定着を法令の制定、施行に待つことは無意味である。法令によって政府への融資額や政府借入金返済額の上限設定、あるいは借入停止措置などを期待することは、ほとんど不毛である。なぜなら、法令そのものが政治的利害に基づいて作られているからだ[7]」。

さらにブルームフィールドらは、歳出が歳入規模を大きく上回る当時の韓国の状況に照らして、「中央銀行法が朝鮮銀行からの政府借入を停止したり、あるいは制限することを規定したところで、そういった制約は機能しないどころか常に放棄される運命となるだろう[8]」と述べたうえ、「朝鮮銀行による政府機関向け融資はすべて特定の政府高官から圧力を受けており、同行は政府による返済の可能性が疑わしい融資さえ承認しているばかりか、その融資は決して全額返済されてはいない[9]」とし、その「不透明な財政運営」を批判している。「人的癒着構造」が続く限り、たとえ独自の融資管理能力を備えた新たな中央銀行が創設されようともこの「不透明な財政運営」を改めることは難しく、したがって政府による中央銀行からの放漫な借入を抑止することは困難であると彼らはみなしたのである。

その結果ブルームフィールドらは、新たな中央銀行が創設された際の対応として、中央銀行からの対政府向け融資につき、その「すべての責任」（全権）は他ならぬ「国会（National Assembly）議決」に帰するという構想さえ打ち出すこととなる[10]。

しかし容易に想像できるように、「正統な議会」に対政府向け融資の規制権を付与するという一見民主的で合理的なこの構想は、それ自体、大きな矛盾をはらむものであった。米国型金融モデルに倣う「新・中央銀行」はいかなる政治勢力・圧力からも独立した存在であるべきはずだが、ここにいう「政治」には当然議会も含まれる。本来なら、金融についての決定権機関は中央銀行であり、財政についての決定権機関は議会である。その議会に金融政策に関する規制権を委ねるというのは妥当であろうか。まして政財界間に存在する極度の「人的癒着関係」を考慮するならば、この構想はブルームフィールドらにとっても非現実的であったことはいうまでもない。

当時、韓国が陥った経済危機に対処するには、何よりも李承晩政権の放漫財

政に歯止めをかけ、ハイパー・インフレーションを沈静化させる必要があった。そこで米国にとっては均衡財政の達成に向けて厳しく舵を切り直すことが最重要の課題とされていた。すなわち中央銀行による無際限な対政府向け巨額融資をいかに規制できるかが大きな課題となっていた。しかし米国の軍事戦略上、金融引締め策への急転換とその強行は「親米政権」の基盤を著しく動揺させる危険を伴うものでもあった。

一方、金融専門家としてのブルームフィールド、ジェンセンらにとっては、「金融民主化」よりも「引締め的安定」策を優先しようとする米国政府の対応には常に躊躇の念が働いていたと思われる。韓米両政府間の調整をめぐって彼らが幾多の難問に直面していたことは勧告書からもうかがえる。

結果においては、中央銀行内部に設置されるべき「金融通貨委員会」発足構想のもと、同委員会には異例ともいえる強大な権限が付与されることとなり、もって政府、行政、財界などいかなる政治勢力からも独立した「新・中央銀行」体制の確立へと議論は収斂されていく。「金融通貨委員会」を金融政策の最高意思決定機関と位置づけ、いかなる政治的勢力からも自由で中立的な、いわば「委員会絶対優位」体制の確立へと制度改革が進められることとなったのである。

しかし、実際に発足された「金融通貨委員会」の構成は、その理念とはあまりにも掛け離れたものとなった。

◆ 2-4 「金融通貨委員会」の構成

「金融通貨委員会」の構成は次のように設計された。

「金融通貨委員会」の構成（7名）	任命権者
大蔵大臣［財務部長官］　　　　　1名	
中央銀行総裁［韓国銀行総裁］　　1名	大統領による直接任命
農林大臣［農林部長官］、企画庁経済委員会による推薦候補　　　　　2名	大統領による直接任命
民間金融機関推薦候補　　　　　　2名	大統領による直接任命
韓国商工会議所推薦候補　　　　　1名	

合計7名の委員に対し、それぞれ各1名の「代理人」が選任される。すなわ

第2章　援助経済下の「金融制度改革」

ち有資格委員7名とその代理人7名、合計14名によって「金融通貨委員会」は構成される。その内わけは大蔵省（政府財務部）、中央銀行、農林省（政府農林部）、米国務省経済協力局（ECA）主導の企画庁経済委員会、民間銀行、一般経済界（商工会議所）と、ひろく「政府・行政・民間」の各界全般にわたる諸勢力の代表者から成る。

　しかしその内実は、表に示されるように合計7名の有資格委員のうち6名までもが大統領自身の直接任命権によって選出される形となっていた。大統領権限は、6名の有資格委員の任命に関して直接的に及ぶということである。あらゆる政治勢力からの独立性のもとで創設されるはずの「金融通貨委員会」が、実際には大統領の恣意的支配下に制御され得る構成をなしていたことがわかる。

　ブルームフィールド、ジェンセンらがこうした強力な大統領権限を容認せざるを得なかったのは、当時、韓国が置かれていた特異な政治力学によるところが大きい。この点に関して、ブルームフィールドらは苦衷の胸のうちをこう明かしている。

　「現在の韓国の国民経済は政府による著しい支配下［強権的支配下］に置かれている。このような現実、すなわち国家の経済運営に政府関係者が重大なヘゲモニーを発揮しているという現実のもとでは、われわれは渋々ながらこれを容認せざるを得ない。委員会における委員選出に際しても、政府介入を完全に排除して、政治的意図を持たないまったく自由な分野から人選を行うあり方に固執することは、むしろ逆に、制度自身の実現を妨げる懸念が強く、現実性を欠くものと思われる[11]」。

　このように、「金融通貨委員会」に対して強い期待をかけたブルームフィールドらの意図は当初より多くの矛盾をはらむこととなった。

◆ 2—5　「金融通貨委員会」構想の挫折

　当時の韓国が置かれていた特異な政治状況の最大のものは、李承晩政権による強烈な独裁性に求められる。同政権による独裁は、あらゆる政策形成において主導性を発揮するものであり、その政治的意図のなかには「米国からの自立」も含まれていた。ブルームフィールド、ジェンセンらの「金融通貨委員会」構想をはじめとする「制度移植」の試みはこうした状況のなかで進められ

ていったわけである。

　1950年6月12日の「金融通貨委員会」の発足からわずか2週間後、予期せざる事態が発生した。「朝鮮戦争」の勃発（6月25日）である。そして翌51年3月14日の「ソウル再修復」（北進命令）は、韓国側に戦局好転の機を与えた。それはいうまでもなく米国の強力な軍事介入に負うものである。戦況の好転を機として李承晩政権は経済界のみならず一般国民を含む広範な層に戦意高揚を呼び掛けることとなった。

　このとき駆使された国家的スローガンが「一面戦争・一面再建」である。それは、"戦局はわれわれの有利のうちに終結のときを迎えつつあるがゆえに、われわれはいっそう戦力増強に力を入れ、やがて到来する戦後復興に備え「再建」のための準備に着手すべし"、との訴えであった。「戦争」と「再建」を掲げたこの二正面作戦によって、李承晩大統領は「戦意高揚」と「戦後復興への世論の希望」を巧みに操り、自政権への求心力を高めようとしたのである。

　李承晩大統領の「一面再建」政策の目標は「輸入代替工業」の育成に求められた。具体的には、韓国経済が抱えてきた高い輸入依存度からの脱却、そのための国内産業の育成と輸出競争力の強化、そして外貨獲得である。戦後復興を機として対米依存や援助経済から脱却し、自立経済への道を求めようとしたわけである。

　李承晩政権によるこの「輸入代替工業化政策」は、さまざまな国内産業のなかから「一定量（過半）以上を輸入にあおぐ消費財分野」を選び出し、かつそれらの分野のなかでも「輸入に代替」できる「自前の産業」を集中的に育成するという意図をもって着手された。選ばれたのは繊維工業（綿紡績、毛織物）、化学工業（ゴム工業、化学肥料）、工作機械工業（電気機器、繊維機械工業、動力機械工業、各種農業用機材）などであり、これらの産業に対しては大規模な直接援助金の支給、事業所得税や法人税の軽減ないし免除、特恵的利子率の適用といった強力な優遇策が施された（工業部門付加価値総額表を図10に示した〔付加価値総額とは、生産過程で新たに付け加えられる価値のこと〕。図にみられる業種別構成比は、李承晩政権下の1950年代においても、続く朴正熙政権下の60年代においても、大きな変化は認められない）。

　しかしこれら国内産業の保護・育成・強化策は、同時に李承晩政権による経

第2章　援助経済下の「金融制度改革」

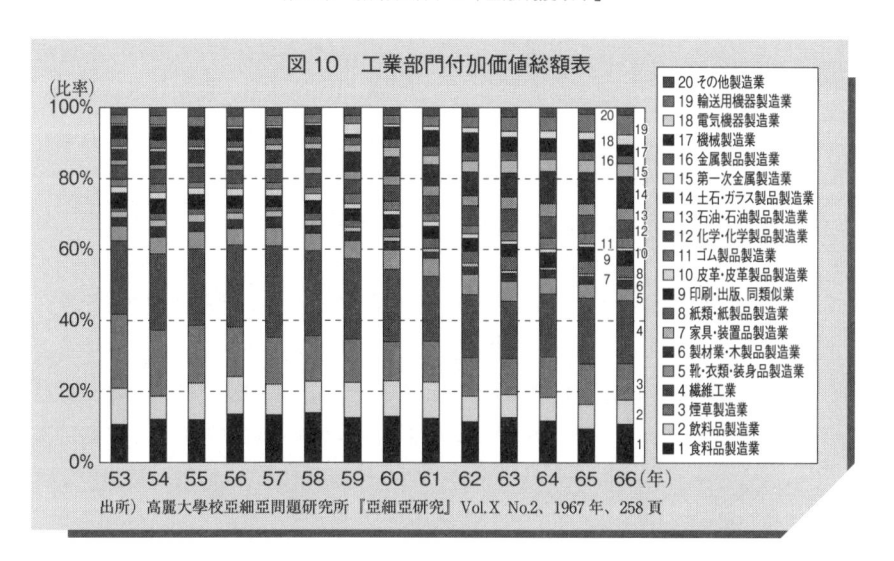

図10　工業部門付加価値総額表

凡例：
- 20 その他製造業
- 19 輸送用機器製造業
- 18 電気機器製造業
- 17 機械製造業
- 16 金属製品製造業
- 15 第一次金属製造業
- 14 土石・ガラス製品製造業
- 13 石油・石油製品製造業
- 12 化学・化学製品製造業
- 11 ゴム製品製造業
- 10 皮革・皮革製品製造業
- 9 印刷・出版、同類似業
- 8 紙製・紙製品製造業
- 7 家具・装置製造業
- 6 製材業・木製品製造業
- 5 靴・衣類・装身品製造業
- 4 繊維工業
- 3 煙草製造業
- 2 飲料品製造業
- 1 食料品製造業

出所）高麗大學校亞細亞問題研究所『亞細亞研究』Vol.X No.2、1967年、258頁

済・産業界への支配体制の強化や、結果としての独裁政治の強化・持続を意味するものとなった。「金融民主化」への道筋づくりを使命としたブルームフィールドらは、戦争の勃発、戦況の好転、それに伴い唱えられた「一面戦争・一面再建」のスローガンによって、再び困難な課題に直面することとなったのである。

　金融の中立性を守るべく中央銀行内部に「金融通貨委員会」を設置するというブルームフィールドらの構想は、現実のものとなりながらも、強力な信用統制（政府向け融資の規制、財政の緊縮化）という本来の役割と機能を同委員会に果たさせることなく挫折した。そして軍事費を中心とした中央銀行の対政府向け融資の膨張だけが止むことなく続いていった。政府による中央銀行からの借入額は、1950年6月30日から翌51年3月31日までの8ヶ月間で20億ホワンにものぼった。この間、韓国の全市中銀行による対民間・政府機関向け融資の総額は1.73億ホワン、中央銀行による対民間向け融資の純増額は7000万ホワンに過ぎなかった。いかに巨額の融資が政府および政府機関に対してなされていたかがわかる。ブルームフィールドらの理想に反して、「金融通貨委員会」がほとんど機能し得なかったことは明らかである。

　政府による際限なき中央銀行借入により、中央銀行の通貨供給量はさらに膨

張を続け、インフレもまた加速していった。朝鮮戦争勃発前の1947年を100とする物価指数（ソウル卸売物価指数）は、51年には2194.1、52年には4750.8、53年には6466.1と、短期間のうちに急暴騰した（本書88頁参照）。53年そうそうの2月にはインフレ抑制策として「第1次緊急通貨改訂」が実施された。しかしそれにもかかわらず、戦争勃発後わずか3年で卸売物価は647倍へと急上昇した。

ところで、信用統制という大きな役割を期待された「金融通貨委員会」がほどなく機能不全に陥ったのは、同委員会が持つ性格上の限界（大統領による委員人事権の掌握）によるだけではない。もう一つ、「韓国財務部」（政府財務部）の存在も挙げられる。当時の独裁政権は、「金融通貨委員会」を政治的支配下に置くために国家財政の最高権力機関「韓国財務部」（植民地時代の旧日本大蔵省）を深く関与させていたのである。ブルーフィールドは述べている。

「中央銀行たる韓国銀行は「金融通貨委員会」の監督下に置かれるものとする、という金融関連法［韓国銀行法］による規定にもかかわらず、韓国銀行の金融政策は常に政府財務部による指示に従わされていた[12]」。

中央銀行の政治的独立性を担保する「金融通貨委員会」の発足にかけたブルームフィールドらの所期の「金融民主化」構想は、こうして半ば必然のうちに挫折の道をたどったといえる。

✥第3節　「韓国財閥」の生成

◆3―1　「間接金融」から「直接金融」への転換

「金融通貨委員会」発足の取り組みに失敗したブルームフィールド、ジェンセンらは、それまでの構想について抜本的な見直しを迫られたであろう。そして見直しに際しては、政府と中央銀行、あるいは中央銀行（およびその他の民間金融機関）と経済界とのあいだに生まれる癒着構造をいかに遮断するかという問題意識を強く持ったであろう。少なくとも、両者の相互依存関係を断ち切れば政府による無際限な財政膨張を食い止め、銀行と企業とのあいだに構造化している金融腐敗を根絶する契機が作れる。

結局米国が選択したのは、金融機関依存の「間接金融」を収縮させ、株式市

第2章　援助経済下の「金融制度改革」

場からの資金調達を前提に市場中心の「直接金融」を立ち上げるもう一つの米国型金融システム、すなわち「資本市場中心の金融システム」の移植であった。

ここで注目されたのが「政府帰属財産」の存在である。前章でもふれたように、「政府帰属財産」とは日本による植民地支配の時代、韓国において経済活動を行っていた旧日本企業の資本・株式、および旧日本政府の資産を指す。解放後、その多くは米軍政府に接収されたが、米軍統治の終結とともに韓国政府に無償で譲渡された。無償譲渡には各種生産設備、私的設備なども含まれたが、その大部分を占めていたのは「株式」である。

無償移譲されたそれらの資産が樹立そうそうの韓国新政府にとって有力な国有財産となったことはいうまでもない。旧日本企業の設備をはじめとする生産基盤は、その後、韓国政府や韓国企業家の手によって活用され、やがて国内企業の生産、営業活動の再開へと結びついていった。それに伴って、韓国政府保有の株式も大きく価値を高めるに至った。こうした背景を持つ政府資産が、当時一般に「政府帰属株」と呼ばれたものである。

「金融通貨委員会」の政治的独立性に多くを期待しながら挫折を余儀なくされたブルームフィールド、ジェンセンらは、この「政府帰属株」を活用することで韓国に政治的中立性を保ち得る健全な「証券市場」を育成し、もって独裁政権支配下における政財界のさまざまな癒着関係を遮断し、「直接金融」中心の国民経済を韓国に定着させる「第二の道」構想に至り着くのである。そしてこの「第二の道」構想では李承晩独裁政権の掣肘を謀ることも意図された。

「政府帰属株」の活用策として、ブルームフィールド、ジェンセンらは次の基本方針を建議している。

（1）「政府帰属株」は積極的に民間の手に払下げられるべきこと。
（2）払下げにあたっては公正、公平な入札方式によるべきこと。
（3）市場価格（株式相場）の形成は当該企業の業績（利益）、需給関係などによるべきこと、すなわち市場メカニズム機能の発揮を目指すべきこと。
（4）健全なる証券市場の育成によって一般民間企業の上場を活発化させ、それら企業の資金調達手段を可能な限り早期に証券市場へシフトすべき

こと。

　この「政府帰属株」払下げの実施については、朝鮮戦争勃発直前（1950年3月）に発表された「経済安定15原則」にすでに盛り込まれていた。15項目からなる同原則は、長期の経済的混乱に陥っている韓国経済に対して米国が示した"金融・財政制度に関する総合的な抜本的改革策"といえるもので、主眼は「均衡財政の実現」に必要な行政改革（行政機構の簡素化、経費節減、補助金・経常支出の削減など）の枠組み提示にあった。作成は米国政府部内に設置された韓国経済安定委員会（米国側は米国務省経済協力局＝ECAのスタッフ、韓国側は韓国政府要人、それぞれ数名によって構成）の手になるものである（第4章参照）。

　因みに同原則では、「政府帰属株」払下げの実施とともに、「予算運営原則」や「民間融資原則」などの義務化が厳しく掲げられた。すなわち、①「財政健全化」達成のために、韓国政府は「予算運営原則」を設定すること、②政府予算編成においては一般会計規模の上限を定め、緊縮政策の一環としては国防治安費の増加を抑制し、不要不急の道路、治水・都市事業の延期や、公共事業の縮小、公務員人数の削減、行政費の節約に取り組むこと、③「金融健全化」を達成するために、年度ごとに通貨発行高の上限枠を設定すること、④金融機関による民間貸出高についても同様の上限枠を設定すること、⑤以上によって通貨供給高の増加を抑制しながら、「財政」と「民間企業への融資」とのあいだに整合性を保つこと、⑥「企業活動健全化」を達成するため、民間企業への融資においては融資先企業に的確な「会計制度」の整備を義務づけること、⑦融資にあたっては担保の設定、経営・利益の見通しなど、経営実態の把握と分析、および厳格な近代的経理の導入を前提とすること——以上を厳格に遵守すべしといった内容である[13]。

　しかし、「間接金融」から「直接金融」への手段として構想・実施された「政府帰属株」払下げもまた、李承晩政権の恣意的、強権的な国内政治運営を前に、所期の効果を挙げることはできなかった。そればかりかブルームフィールド、ジェンセンらの期待に反して、「政府帰属（銀行）株」払下げはその過程で韓国経済に予期せざる副産物を生むこととなった。この国特有の「韓国特恵財閥」の誕生である。

第2章 援助経済下の「金融制度改革」

表 「政府帰属(銀行)株」払下げの状況

1956年3月と4月に行われた第7次公売
朝興銀行、商業銀行、興業銀行、貯蓄銀行の順
(1954年11月の第1次～第6次公売はいずれも流札)

■朝興銀行

総株数	185,000株
払下げ株数	65,641株
うち帰属株数	11,066株
朝鮮銀行株数	54,575株
査定価格	6,000圜(ホワン)
公売日時	1956年3月29日

入札内容
　　関氏系　　23,500株　(6,000圜)
　　鄭雲用　　 3,500株　(6,000圜)
　　鄭宗源　　 1,000株　(6,000圜)
　　千在悦　　 5,000株　(6,000圜)
　　朴美洙　　 2,000株　(6,000圜)
　　　計　　　35,000株
落札株数　入札内容と同じ
落札価格　入札内容と同じ
落札者名　入札内容と同じ
＊しかし、最終的には第一製糖(後の三星財閥)の李秉喆が落札株の50%を取得(詳細は不明)。

株式分布

株主	既所有分	落札分	総株式数	総株主に対する比率
関氏系	32,496	23,500	55,996	31%
鄭氏系	21,695	4,500	26,195	14%
朴氏系	11,600	0	11,600	6%
その他民間株	53,568	7,000	60,568	32%
帰属、朝銀株	65,641	35,000	30,641	17%
合　計	185,000	35,000	154,359	83%

＊朝銀＝朝鮮銀行。
＊数字はすべて引用のママ。ただし引用者(林)の明らかな誤りと思われるものは適宜修正した。
(以下同、内橋注)

■商業銀行

総株数	198,500株
払下げ株数	57,100株
うち帰属株数	55,300株
殖産銀行株数	1,800株
査定価格	4,000圜
公売日時	1956年4月7日

入札内容
　合同證券　陳永得　55,300株　(5,500圜)
　大同證券　薛卿東　57,100株　(4,555圜)
　朝鮮製粉　尹爽駿　57,100株　(4,218圜)
　　　　　　金萬重　20,000株　(4,006圜)
　　　　　　李龍範　25,000株　(4,250圜)
　　　　　　金基煥　　　50株　(5,500圜)
　　　　　　李炳壽　32,500株　(4,710圜)
落札株数　　57,100株
落札価格　　　　　　　5,500圜
落札者名
　合同證券　陳永得　57,050株　(5,500圜)
　　　　　　金基煥　　　50株　(5,500圜)
＊陳永得が57,050株を5,500圜で買収して落札。しかし、最終的には大韓製粉の李漢垣が経営権を取得(詳細は不明)。

株式分布

株主	既所有分	落札分	総株式数	総株式に対する比率
大昌興業	35,000	0	35,000	18%
金聯	12,144	0	12,144	
多山育英會	7,300	0	7,300	
金智泰	5,500	0	5,500	
興業銀行	47,927	0	47,927	24%
朝興銀行	1,840	0	1,840	
合同證券(陳永得)	0	57,050	57,927	29%
金基煥	0	50	50	
その他民間株	31,689	0	31,689	16%
帰属、殖銀株	(57,100)	(57,100)	0	
合　計	198,500	57,100	198,500	―

■興業銀行
総株式数　　　　　　　736,999株
払下げ株数　　　　　　615,043株
うち帰属株数　　　　　324,029株
　朝鮮銀行株数　　　　161,014株
　殖産銀行株数　　　　130,000株

査定価格　　　　　　　　　　　　1,300圜
公売日時　　　　　　　1956年4月7日
入札内容
　　　　　権景植　　　130株　（4,300圜）
　第一精糖　李秉喆　383,500株　（2,866圜）
　　　　　朴鐘泰　　　 50株　（3,300圜）
　平和新聞　洪　燦　 75,000株　（2,710圜）
　大韓製粉　韓碩雰　100,000株　（1,300圜）
　朝鮮製粉　尹爽駿　368,500株　（2,611圜）
　内外證券　李麟鎔　370,000株　（2,710圜）
　新興證券　金泰圭　368,790株　（2,160圜）
　大同證券　薛柳東　370,000株　（2,360圜）
落札株数　　　　　　　383,680株
落札価格　　　　　　　　　　　　3,300圜
落札者名　李秉喆　　383,500株　（3,300圜）
　　　　　権景植　　　130株　（4,300圜）
　　　　　朴鐘泰　　　 50株　（3,300圜）
＊李秉喆の入札価格は3番札であったにも
　かかわらず、政府財務部は李秉喆に落札
　させた（詳細は不明）。
＊第一精糖は、のちの三星財閥。

株式分布

株主	既所有分	落札分	総株式に対する比率
丁奎成	115,050	0	
東洋火災	4,590	0	
多山育英會	4,000	0	
鄭柱鎰	3,400	0	
李廷海	1,399	0	
金聯	1,000	0	
興銀平壤支店	1,000	0	
第一精糖（李秉喆）	0	383,500	52%
朴鐘泰	0	50	
権景植	0	130	
その他民間株	95,517	95,517	13%
帰属、朝銀、殖銀株	(615,043)	(231,363)	(32%)
合　計	736,999	505,636	69%

■貯蓄銀行
総株式数　　　　　　　100,000株
払下げ株数　　　　　　 88,779株
うち帰属株数　　　　　 37,179株
　朝鮮銀行株数　　　　　　300株
　殖産銀行株数　　　　 51,300株

査定価格　　　　　　　　　　　　8,000圜
公売日時　　　　　　　1956年4月12日
入札内容
　三護財閥　鄭載護　 51,000株　（27,610圜）
　東西證券　崔德洙　 40,000株　（22,000圜）
　大同證券　薛柳東　 51,000株　（22,800圜）
　裕京實業　姜一遭　 51,000株　（27,767圜）
　朝鮮製粉　尹爽駿　 51,000株　（33,223圜）
　内外證券　李麟鎔　 48,120株　（33,223圜）
　　　　　　朴泰景　　　 50株　（25,100圜）
　三和證券　金德培　 48,150株　（32,660圜）
落札株数　　　　　　　 51,000株
落札価格　　　　　　　　　　　　33,223圜
落札者名　尹爽駿　　 51,000株　（33,223圜）
＊朝鮮製粉の尹爽駿が落札したものの、政治的圧力により尹は
　入札価格が4番札の鄭載護（三護財閥）に株を譲渡（詳細は
　不明）。

株式分布

株主	既所有分	落札分	総株式数	総株式に対する比率
金聯	2,419	0	2,419	
貯蓄行友会	1,999	0	1,999	
金智泰	1,500	0	1,500	
東洋火災	1,212	0	1,212	
尹爽駿	0	51,000	51,000	51%
その他民間株	4,091	0	4,091	
帰属、朝銀、殖銀株	(88,779)	(51,000)	(37,779)	38%
合　計	100,000	51,000	62,221	62%

出所）林苗民『韓國の銀行史』ソウル韓國經濟問題研究所（一潮閣）、1963年、134-139頁

第2章 援助経済下の「金融制度改革」

　表に示した興業銀行の場合を一例にとれば、第一精糖（後の三星財閥）の李秉喆（イビョンチョル）の落札成功は二つの意味で注目される。まず、李秉喆の入札価格と落札価格とのあいだには大幅な相違がみられることである。すなわち、入札価格2866ホワンに対し落札価格は3300ホワン、そのあいだには約15％に及ぶ上位変動がみられる。競争入札実施後の落札者決定に際して価格の修正が容認されるという事態があったのか、あるいは他者の入札価格を何らかの方法で察知し、その水準に歩み寄って引き上げたのか、何らかの操作が働いたといえる。次に、各入札者は厳格に定められた「払下げ条件」のもとで株式を公正に取得できる制度下にあったにもかかわらず、入札価格第3位の李秉喆のみが唯一の落札企業となり、巨額の株式を得たことである。まさに"特恵的落札"といえる。

◆3―2　「政府帰属株」払下げがもたらした現実

　払下げに至る経緯をみてみよう。ブルームフィールドらの構想では、まず「政府帰属株」の早期民間移譲に力点が置かれていた。「政府保有の相互銀行［朝興銀行］株、商業銀行株、信託銀行［興業銀行］株、および貯蓄銀行株をできるだけ早く民間［企業および個人］に売却し、また、政府の所有権を排することで健全な銀行実務が促進され、政府による好ましくない介入が弱まるのであれば、金融市場に計り知れない恩恵をもたらす[14]」と彼らは考えたのである。

　むろん「株式市場の活性化」のためには「銀行株」払下げだけでは十分ではなく、同時に、銀行が相互に保有していた「持合い株」（「銀行相互持合い株」）についても、民間への譲渡がなされなければならなかった。証券市場の発展のためには「銀行相互持合い株」の解消も欠かせない課題だったのである。「政府帰属（銀行）株」と「銀行相互持合い株」、この両者の民間への譲渡は、こうした意図のもとで着手された。

　1954年10月1日、韓国政府はブルームフィールド、ジェンセンらの建議に対応し、「政府帰属株・銀行株払下げ推進委員会」を政府部内に発足させた。同月14日には「政府帰属銀行株払下げ要綱」の発表へと進んだ。この間、李承晩政権による「抵抗」がなかったわけではない。「政府帰属株」の民間譲渡は政府の窮迫財政を助けはするが、独裁政権の政治的基盤を弱体化させる恐れもあったからである。不測の事態を危惧する李政権は、「払下げ推進委員会」の

発足からほぼ2ヶ月後の11月29日、突如、「経済非常事態宣言」を発令した。

韓国の経済政策全般にわたる事実上の最高政策決定機関「韓米合同経済委員会」（1952年5月成立）の米国側代表の意向は無視され、李承晩政権による「経済非常事態宣言」は55年7月4日まで7ヶ月余りにわたって続けられた。同宣言による政府措置の主眼は、すべての民間金融機関を政府の管理下に置くことにあった。当然、政府の意に反する「政府帰属（銀行）株」の譲渡や「銀行相互持合い株」の解消は強く牽制されるところとなった。このため「政府帰属（銀行）株」や「銀行相互持合い株」の民間譲渡は進まず、民間市中銀行株はその70％までもが政府保有のまま推移するという状況が続いた。

こうした事態を打開すべく韓米合同経済委員会の米国側代表らが韓国政府に強く働きかけた結果行われたのが、54年11月と56年3、4月の都合7次にわたる「政府帰属（銀行）株」払下げであったのである。

しかし、厳格に定められた「払下げ条件」は遵守されることなく、第1次から第6次までの払下げはすべて流札、最終回の第7次払下げ（56年3、4月）では李承晩政権の"恣意的な裁量"によって落札者が決定されるという事態となった。払下げ先の選定や払下げ価格の決定など、重要な払下げ条件はすべて李政権の政治的意思に委ねられた。これにより払下げは特定階層、特定企業に集中的に行われ、落札者の利得機会と利益享受は巨額なものとなった。そして払下げの価格水準が李政権によって低めに設定されたため、受益者の利得は巨額化し、つれて受益者との癒着を深める独裁政権の政治的・経済的基盤も強固なものとなった。

このとき有利な指名割当制の対象となり得たのが、政権との結びつきの強い民族資本や特定階層（一部の大地主、旧官僚、銀行家、新興商人など）であり、そこから生成し、力を持つに至ったのが、「特恵財閥」（「政府帰属（銀行）株」払下げを利得機会として基盤を強化した財閥）である。「特恵財閥」は日本による植民地支配下に形成された「在来型財閥」（和信グループ、三養グループ、大韓グループ、開豊グループなど）とは異なり、多くが李承晩大統領との個人的な縁故関係、ないし政治的関係によって結ばれていたところに特徴があった。因みにここにいう「特恵財閥」とは、その後の「第1次新興財閥」「第2次新興財閥」などとも区別される。「第1次新興財閥」は韓国の「基礎

第2章　援助経済下の「金融制度改革」

形成期」と称される1960年代に、また「第2次新興財閥」は韓国の「発展期」と称される70年代に規模拡大がはかられた財閥を指す。

このように「特恵財閥」の形成・強化の歴史的起源は「政府帰属（銀行）株」払下げによる巨額の利得のなかにみることができる。払下げにより「金融民主化」を目指したブルームフィールド、ジェンセンらの試行錯誤は、結果において予期せざる副産物を韓国経済に残すこととなったのである。

第4節　深まる韓米の亀裂と「金融民主化」

◆4—1　李承晩政権と「タスカ報告書」

ハイパー・インフレーションの収束策として進められた米国主導の「財政・金融民主化」改革が期待通りにいかない状況のなかで、李承晩政権と米国との亀裂も深まりを増すこととなった。強大な権力を背景とする李大統領の独裁政治そのもののなかに、米国側は歯止めなきインフレ亢進の真因をみるようになっていた。そして韓国における経済混乱、インフレの異常な亢進は、西側世界全体のアキレス腱に関わる問題とみなされるまでになっていた。

ブルームフィールド、ジェンセンらが幾多の試みを重ねていた1953年の状況に遡ってみよう。この年の4月、ヘンリー・タスカ（Henry J. Tasca）を団長とする「特別経済使節団」（タスカ調査団）が米国で結成された（タスカは後に「韓米合同経済委員会」の米国側代表）。その10日後に韓国入りしたタスカは、国連軍や国連韓國再建團（UNKRA）、あるいは韓国首相を含む全官僚や韓国商工会議所首脳ら多数の要人と接見し、4月21日には李承晩大統領とも直接会談を持った。以後、タスカは2ヶ月に及ぶ「韓国経済実態調査」に入り、その結果を「タスカ報告書」（「3ヶ年・総合経済計画」、同年6月5日発表）として取りまとめた。アイゼンハワー（Dwight D. Eisenhower）米大統領に提出された同報告書のなかで彼はこう述べている。

「韓国・李承晩政権の援助提供要求に安易に応じてはならない。援助よりも同国の経済的自立を優先して達成すべきこと。そのためにも"経済的自立"とは、李承晩政権の意図する専横的経済支配を伴うものであってはならず、何よりも市場主義、民主的経済秩序を基礎とするものでなければならない[15]」。

タスカはアイゼンハワー大統領への報告とともに、韓国の白斗鎮・国務総理（ペクトゥジン）（李承晩政権における国務省最高責任者）に対しても「タスカ報告書」を建議し、次の4政策の実行を厳しく求めた。
　（1）歳出抑制と歳入増による均衡財政の達成。
　（2）通貨供給量の膨張の回避と、厳格な信用政策の厳守。
　（3）インフレ抑制のための膨張財政の回避。
　（4）対外取引にあたっての「単一為替レート」の早期設定。

　米国側の強硬姿勢は「韓米合同経済委員会」の米国側代表の交替によって、より鮮明に表明された。1953年8月、すなわちタスカの訪韓から4ヵ月後、同委員会の米国側代表をテイラー・ウッド（C. Tayler Wood）が引き継ぎ、ウッドはただちに白斗鎮・国務総理と会談を持って「韓米合同経済委員会協約」（白・ウッド協約）の締結を強く迫り、成立に持ち込んだのである。同年12月に調印された同協約では、亢進するインフレーションの徹底抑制、膨張財政の停止、緊縮財政へのすみやかな転換、「単一為替レート」の設定、民間企業の自己資本充実など、「タスカ報告書」で建議された内容がそっくり盛り込まれ、李承晩政権にくり返し実行を迫っている[16]。
　これは、縁故関係によって「財閥」の育成強化をはかる李承晩に対し米国側が不信の念を強めていたことを意味する。やがてこの不信は、「援助を行うことで韓国経済運営を李承晩政権に全面的に委ねる、という旧来の戦略を改め、同政権を外部から牽制ないし統治する"外部統制機関"が必要[17]」という見解へと進んでいった。その象徴となる文書が1954年2月、ロバート・R・ネイサン（Robert R. Nathan）から国連韓國再建團（UNKRA）団長ジョン・B・ゴルダー（John B. Golder）に提出された「ネイサン報告書」（韓国の経済復興政策に関する建議書）である。朝鮮戦争休戦協定後の韓国の経済復興について、同報告書は次のように述べている。
　「経済の真の安定化をはかるには何よりも「総合開発事業計画」の立案・策定が必要であり、急場しのぎの短期的対策の積み重ねによっては韓国経済の再生は不可能である。政府主導による長期的な「総合開発事業計画」の実行があって初めて西側同盟国の信任も得られる[18]」。

第2章 援助経済下の「金融制度改革」

　ここでは、李承晩政権の恣意的政策や権力行使による「政府主導型」ではなく、政府による長期的かつ総合的な経済復興計画を樹立し、すみやかにプログラムの実行に移すことが強調されている。政府主導型「総合開発事業計画」では「国民生活の安定化重視」「韓国企業の体質改善」などが重視された。
　しかし、こうした「自立経済」達成計画も結果として李承晩長期独裁政権の基盤強化に動員されていくこととなる。

◆4―2　独裁政権下の「援助経済」と「自立経済」

　李承晩政権に対する米国側の不信は機あるごとに高まり、韓米両国間に生じた思惑と戦略の食い違いは具体的な経済政策における軋轢・摩擦の要因となったばかりか（韓国経済の不安定化は当時の西側陣営にとっての不安定要因であった）、韓国国内にあっては強権的な朴正熙・次期政権の誕生をもたらす主要因ともなった。
　朝鮮戦争休戦後の復興期、国内の政治・経済に対する一元的支配をいっそう強化しようと意図した李承晩政権は、新たな金融支配体制の整備・強化へと乗り出すこととなった。それはブルームフィールド、ジェンセンらの建議によってわずかながらも機能していた「金融制度改革」の修正に関するものであり、なかでも強く推し進められたのが「中央銀行」（韓国銀行）および「金融通貨委員会」の換骨奪胎策である。そして、あらゆる権力からの独立性を謳って創設された「韓国銀行」とは別に、1953年12月、李政権は「韓国産業銀行法」の制定に手をつけ、翌54年4月にはついに同法の施行と「韓国産業銀行」の新設に打って出たのである。
　"国策に従って国民経済の安定・復興を加速させるには「援助経済」から脱却し、復興の重要な担い手となる「自前の産業」を育成しなければならない"。これが李承晩の掲げたスローガンである。彼の主張は、"そのためには「中央銀行」や「金融通貨委員会」に必ずしも拘束されない新たな制度を生み出し、継続的かつ自立的な判断のもとで民間企業に潤沢な資金を提供し続ける機関が必要"、というものであった。
　ブルームフィールドらは、たとえそのような目的を持つ新銀行であれ、政府系金融機関である限り「金融通貨委員会」の監督のもとで中立・公平・独立の

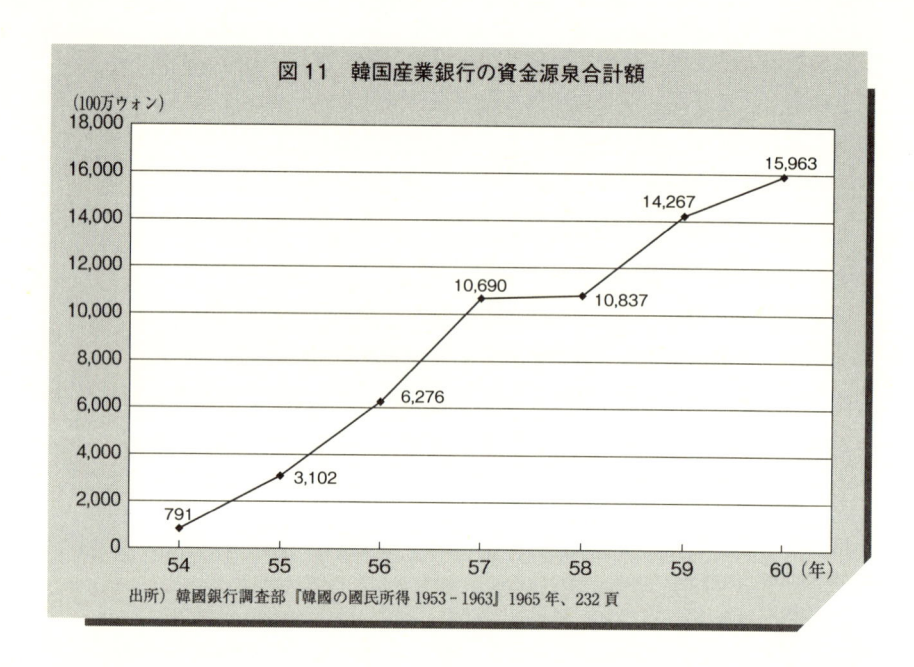

図11　韓国産業銀行の資金源泉合計額

(100万ウォン)
- 54年: 791
- 55年: 3,102
- 56年: 6,276
- 57年: 10,690
- 58年: 10,837
- 59年: 14,267
- 60年: 15,963

出所）韓國銀行調査部『韓國の國民所得 1953-1963』1965年、232頁

原則が維持されるべきとしたが、この意向は李承晩政権によって巧妙に無視され、「韓国産業銀行」は同政権の国内経済支配を助ける直属機関の役割を果たすこととなった。そして「韓国銀行」と同様、「韓国産業銀行」は「政府財務部直属」とされ、休戦後の復興需要だけにとどまらず、同政権による国内経済支配の基盤強化にとっても最有力の道具として機能することとなった。

　経済復興事業の進展につれて産業界からの資金需要は盛り上がった。その巨額の資金は「韓国産業銀行」による融通資金によって賄われた。韓国政府は「韓国銀行」（中央銀行）からの直接借入に加え、「韓国産業銀行」というもう一つの政府系金融機関を新設することで、そこから太いパイプの迂回融資を受け取ることとなった（李政権中期以降の「韓国産業銀行」の資金源泉合計額を図11に示した）。

　李承晩に縁故を持つ民族資本、すなわち「特恵財閥」が「韓国産業銀行」を最大限に活用したことはいうまでもない。1956年9月30日時点の統計によれば、同行が民族資本に対して行った貸付総額は、同期の全国金融機関貸付残高の70％にも達している[19]。

第2章　援助経済下の「金融制度改革」

　「金融民主化」を目指したブルームフィールド、ジェンセンらの構想は、「援助経済」が生み出す放漫財政と、その反作用としての「自立経済」への欲求の高まり、というジレンマを抱え込み、所期の目的を達することなく韓国経済の混乱を増幅させてしまった。「援助経済」と「自立経済」、そのなかでの「金融民主化」政策は、結果においてすべて李承晩政権の独裁政治基盤を強化させることに役立った。歴史の皮肉ともいえるこうした状況のもと、ブルームフィールド、ジェンセンらの「金融民主化」構想はついに終焉の時を迎えることとなる。

◆ 4—3　ブルームフィールドらの歴史的実験の失敗

　1960年8月、ブルームフィールドは10年に及ぶ対韓「金融制度改革勧告」に終止符を打つべく、最後の「勧告書」 Report and Recommendations on the Korean Reconstruction Bank （通称「ブルームフィールド勧告」5）をとりまとめた。

　同勧告書に先立つ1960年4月26日には「4・19学生革命」により12年近くにわたる李承晩政権がついに崩壊し、7月29日には張勉（ジョン・M・張）を首班とする内閣責任制と両院制が誕生していた。翌8月、国会の承認を受けた張勉政権は、韓国経済のより一層の自立に向けて「経済第一主義」（「新経済開発5ヶ年計画」）と呼ばれる政策を掲げた。そのスローガンは"計画性ある自由経済体制の実現"というものであり、政府主導の「計画経済」と民間主導の「自由経済」（市場経済）との「融合経済」を提唱するものであった。

　ブルームフィールドは最後の「勧告書」において次のように述べている。

　「韓国産業銀行が政府によって所有され続けることは、現在の状況では避け得ない。韓国産業銀行を政府による介入と圧力から完全に自由にすることは、現状では極めて困難となった[20]」。

　しかし同時に、彼は韓国の将来に思いを託した。

　「近い将来というのではなく長期的観点から述べるとすれば、私たちが一連の勧告書で説得してきた方法を用い、韓国が自らの資本市場を成長促進させようとするときが必ず到来するであろう。そのときには金融機関のいかんを問わず、政治的中立・独立性を確保した中央銀行と、FRBに対応する金融通貨委

員会のごとき機関の存在は欠かせないものとなるだろう。独立性と主導権を併せ持ち、かつ強力な決定権を保障された韓国金融制度の誕生をわれわれは待つ必要がある[21]」。

　ブルームフィールドとジェンセンによる提言と建議は、1950年の最初の「勧告書」から60年の最後の「勧告書」に至るまで（「５大レポート」）実に10年６ヶ月の長きに及んだ。しかし、韓国の金融構造のなかに米国型金融モデルを移植するという米国主導の試みは成功には至らなかった。ブルームフィールドらが強く望んだ「金融通貨委員会」も十分に機能することなく、最後の「勧告書」では、政府財務部の統制下に置かれた「韓国産業銀行」の存在さえ容認せざるを得なくなった。

　もちろん朝鮮戦争の勃発という予期せざる事態の発生や、それに伴う軍需要因による財政の急膨張で、ブルームフィールドらの目指した「金融民主化」政策が大きく妨げられたことも事実である。また、そもそも「ブルームフィールド勧告」は米軍政府時代から展開されてきた一連の対韓復興政策のなかに組み込まれていたため、金融専門家として独自の金融民主化路線を提示し続けるにはさまざまな困難が立ちはだかったであろうことも容易に想像できる。さらには、休戦後に至ってさえ韓国の国防費支出が政府予算の30〜50％を占め、政府による中央銀行借入がほとんど止まることなく慢性化していた状況下での限界性も否定することはできない。

　しかし、そもそも歴史も文化も異なる国家に対し、「アングロサクソン型市場原理」を性急に移し植えることで一国全体の経済復興を望むことは、当初より多大な困難が予測されていたはずである。米国型金融モデルの「制度移植」によって経済社会全般にわたる民主化の可能性に迫ろうとした「歴史的実験」の手法そのものにおいて、すでにブルームフィールド、ジェンセンらの構想は挫折へと導かれていたとすることもできる。

✢第５節　まとめ

　ブルームフィールド、ジェンセンらによる対韓「金融制度改革」の導入とその挫折の過程を要約すると以下のようになる（詳細は第４章参照）。

第2章　援助経済下の「金融制度改革」

　1950年2月、建国直後（朝鮮戦争勃発直前）の政治的独裁下にあった韓国に対し、ブルームフィールド、ジェンセンの両金融専門家は「対韓金融改革に関する諸論文」の第1冊目として「韓国中央銀行に関する勧告書」（「ブルームフィールド勧告」1）をまとめ、米国政府を介して建議した。「金融民主化」を最大の目的とする同勧告書は60年8月まで合計5回にわたって作成された。

　この勧告書に示された対韓「金融制度改革」案は広範囲に及んだが、なかでも米国政府は「間接金融」主導から「直接金融」主導への移行を重要視した。「旧・中央銀行」（朝鮮銀行）を頂点とする「ピラミッド型」間接金融制度から、「中央銀行法」（韓国銀行法）や強力な独立組織「金融通貨委員会」を要とした米国型金融民主化制度（FRB主導の直接金融型金融制度）へと移行することで、韓国経済の安定化と健全化がはかれると判断されたからである。その大きな柱として「政府帰属（銀行）株」の払下げが行われた。

　しかし、李承晩政権は米国との軍事的・政治的利害の一致のなかで自らの政権基盤の安定化をはかる必要から、一連の制度改革を骨抜きにしたうえ新たな政府系金融機関「韓国産業銀行」を立ち上げた。そして「政府帰属（銀行）株」を公正な方法で払下げることなく、重要な払下げ条件を自政権の政治的意思のもとに置くこととなった。これにより払下げは特定階層、特定企業に向けて集中的に行われた。その結果、李大統領との結びつきの強い民族資本や特定階層（一部の大地主、旧官僚、銀行家、新興商人など）の利得を巨額化させ、この国特有の「特恵財閥」を生成させるに至った。併行して、独裁政権の政治的・経済的基盤も強固なものとなっていった。

　「金融民主化」を目指したブルームフィールド、ジェンセンらの「金融制度改革勧告」は、結果として「特恵財閥」という予期せざる副産物を韓国経済に生み出すこととなった。そして現実への妥協を余儀なくされ、時を追って勧告案の修正を重ねていった結果、ついに最初の建議からほぼ10年にして瓦解するに至った。

　米国モデルの「制度移植」を通じて経済社会全般にわたる民主化の可能性に迫ろうとしたブルームフィールドらの「金融制度改革」（「金融民主化」）の試みは失敗に終わり、韓国資本主義は次の時代、すなわち朴正煕政権による、より独裁的な経済運営（「第1次経済開発5ヶ年計画」1962-66年など）へと繋がっていくことになる（第5章参照）。

1) 梶村秀樹「第3章　韓国経済における政府の役割—1960～70年代」(梶村秀樹・富岡倍雄・新納豊・鈴木義嗣編『韓国経済試論』1984年、白桃書房) 181頁。
2) Bloomfield, Arthur I., *Chapter IV, A Report on Monetary Policy and Banking in Korea*, November 30, 1956 (Arthur I. Bloomfield and John P. Jensen, *Reports and Recommendations on Monetary Policy and Banking in Korea,* Reprinted by Research Department, Bank of Korea,1965) p.131.
3) Bloomfield, Arthur I. and John P. Jensen, *Chapter I, Recommendations Regarding Central Banking Reform in South Korea*, February 3, 1950 (Arthur I. Bloomfield and John P. Jensen, *Reports and Recommendations on Monetary Policy and Banking in Korea*, Reprinted by Research Department, Bank of Korea, 1965) p. 3.
4) *Ibid*., p. 4.
5) *Ibid*., p. 4.
6) *Ibid*..., p. 4.
7) *Ibid*., p. 10.
8) *Ibid*., p. 11.
9) *Ibid*., p. 11.
10) *Ibid*., p. 6.
11) Bloomfield, Arthur I. and John P. Jensen, *Chapter II, Recommendations Regarding Reform of Other South Korean Financial Institutions*, March 14, 1950 (Arthur I. Bloomfield and John P. Jensen, *Reports and Recommendations on Monetary Policy and Banking in Korea*, Reprinted by Research Department, Bank of Korea, 1965) p. 40.
12) Bloomfield, Arthur I. and John P. Jensen, *op. cit*., 1956, pp. 130–131.
13) 朝鮮銀行「経済時論―経済安定15原則を貫徹するために」(『朝鮮銀行調査月報』第32号、1950年) 93頁。
14) Bloomfield, Arthur I., *Chapter III, Report and Recommendations on Banking in South Korea*, March, 1952 (Arthur I. Bloomfield and John P. Jensen, *Reports and Recommendations on Monetary Policy and Banking in Korea*, Reprinted by Research Department, Bank of Korea, 1965) p. 70.
15) Tasca, Henry J., "Special Representative of The President for Korean Economic Affairs : Relief and Recommendations", *in* the Report to the President, 1953.
16) 韓國年鑑編纂委員会『1955年版　韓國年鑑』1955年、嶺南日報社、91 – 92頁。
17) NSC 170, "U.S. Objectives and Courses of Action in Korea," November 9, 1953, *FRUS, 1952–1954*, vol.15, pt.2, pp.1600–1604 ; NSC 170/1, "U.S. Objectives and Courses of Action in Korea," November 20, 1953, *Ibid*., pp.1620–1624 ; Memorandum of Discussion at the 171st NSC Meeting, November 9, *Ibid*., pp.1616–1620.
18) 韓國産業銀行企劃調査部『ネイサン報告書―韓國經濟再建計劃 (上)』1954年、45頁。
19) 韓國銀行調査部『韓國の國民所得1953～1963』1965年、234頁。
20) Bloomfield, Artuer I., *op.cit.* , 1960, p. 158.
21) *Ibid*., pp. 161–162.

第3章　財閥の韓日比較史を通して

1950年代対韓・対日改革の挫折の意味

✤第1節　はじめに

　第2章においては、「中央銀行法」(韓国銀行法)の制定や、米連邦準備制度理事会(FRB)を模範とする強力な独立組織「金融通貨委員会」の創設を骨子とするブルームフィールド、ジェンセンらの米国型金融民主化路線が、たちまちにして大きな困難に直面し挫折に至った過程を明らかにした。これによって、当時の韓国が一方では米国による「援助経済」への依存度を高め、他方では独裁政権による「自立経済」志向を加速させるという現実のなかで、米国の「金融制度改革」が経済民主化を促すよりはむしろ李承晩政権の独裁基盤の補強材として転化していった事実を捉えることとなった。

　ところで第二次大戦後、「先進民主主義国」から途上国、新興国、あるいは独裁国へ向けてなされた「制度移植」の試みは数々の挫折に見舞われてきた。たとえば、本章で言及する対日「ドッジ・ライン」(1949年)、あるいは対欧州「マーシャル・プラン」(1948年)などがその典型として挙げられる。ブルームフィールド、ジェンセンらによる対韓「金融制度改革勧告」の挫折も、その延長線上にある象徴的な事例とすることができる。第二次大戦終結後なお日の浅い時代に行われた米国によるこうした「経済制度改革勧告」の実態は、いわゆるグローバル・スタンダードの名によって語られる今日の「米国型標準」のパラダイム研究や先進国による「国際協力活動」のあり方を考察するうえでも、少なからぬ示唆を与えるものと考えられる。

　一般に解放後の韓国経済の実態を分析する際には、この国の「財閥」の過剰拡大、結果としての過剰負担、そしてそれが持つ過大な借入金依存体質などを把握することが重要な鍵として指摘される。問題は、なにゆえに、そのような「財閥の特質」がこの期の韓国において形成され、それが「矛盾をはらんだ成長」をもたらす結果に繋がっていったのかということである。

　本章は、冷戦構造下の世界資本主義の動向に関し、中心部資本主義国・米国による支配と、周辺部資本主義諸国・ラテンアメリカの従属性との関係を普遍的に位置づけようとしたサミール・アミン (Samir Amin) の「支配従属説」を一つの分析道具に据える。ただし、1950－60年代韓国資本主義を認識するに

は、これを彼が主張するような「従属→停滞」の過程として捉えるのではなく、なにゆえにこの国が「従属→矛盾をはらんだ成長」という過程を歩み、また、いかなる理由でそれが「所有と経営の未分離」という韓国特有の「財閥」の形成に結びついていったのかを経済史的視点で読み解く必要がある。

そこでまず本章では、1950年代の韓日両財閥の比較を通じて、「援助経済」や「政府帰属財産払下げ」という政治的機会を利用しつつ国内政治・経済への影響力を強めていった「韓国財閥」と、戦前の金融機関主導型企業グループを復活させた「日本財閥」との相違、あるいは、対米従属性をいっそう強めざるを得なくなった「韓国経済」と、経済的自立を獲得して成長への道をたどった「日本経済」との相違を通してこの問いに接近する。

次に、拡大する米国からの経済援助、それに寄生しつつ経済基盤を強める「韓国財閥」、そして結果においてその自立性を喪失していく韓国経済、という当時の韓国における三つの特徴の相互関係からこの問いに迫る。

✦第2節　1950-60年代韓国資本主義の特異性——分析の史的意義

「(新) 従属理論」に基づくサミール・アミンの「支配従属説」を1950-60年代韓国資本主義にあてはめるならば、「韓国財閥」というものは「周辺部資本主義社会構成体」にみられる「固有」の「従属→停滞」の過程をたどった結果として生成されたことになる。果たしてそうであろうか。

アミンは、1950-60年代の世界資本主義の分析において、「中心部資本主義国が周辺部資本主義国に対する政治的・軍事的・経済的介入を強めた結果、周辺部資本主義社会構成体の経済的自立が阻害された[1]」と指摘した。これは、当時の世界資本主義は米国という主導的な「中心部資本主義社会構成体」とラテンアメリカに代表される従属的な「周辺部資本主義社会構成体」との両構成体によって形成されていたとする議論である。

第1章に述べた「韓国資本主義論争」との関係では、李大根(イ デグン)およびその理論的基礎を築いた権寧旭(クォンニョンウク)らの「周辺部資本主義論」(1960年代以降の韓国資本主義は中心部資本主義からの従属を余儀なくされる周辺部資本主義としての特質を強めていたとする立場)がこのアミン説の系譜に属し、朴玄埰(パクヒョンチェ)の「国家

独占資本主義論」(60年代以降の韓国資本主義はすでに西欧社会と同質の特徴を持つ特殊段階に達しているとする立場)がアミン説の対極に位置する。

一方、これらの諸説に対して本書では、①当時の韓国は、特恵関税など米国の庇護下で優遇措置を受けつつ経済成長(対米依存型)をとげ、自立経済への出発段階にあった、②同時に当時の韓国は、国内的には政財界癒着という前近代性を深めていた、③しかし一方で当時の韓国資本主義は、「特恵財閥」肥大化にみられるように独自の発展段階に達していた、などの諸点を重視し、これを「周辺部資本主義社会構成体」による「矛盾をはらんだ成長」と規定した。すなわち、当時の韓国資本主義は確かにアミン説にいう「周辺部資本主義社会構成体」ではあったものの、それは「従属→停滞」ではなく、政財界癒着と対米従属により発展をとげた「従属→矛盾をはらんだ成長」として位置づけねばならないとする見方である。本書はこの点でアミン説とは異なる。

アミン説を要約すれば、「発展を封じ込まれた」ものとしての同構成体は次のように位置づけられる。"冷戦構造の主体をなした中心部資本主義国が第三世界にさまざまなインパクトを与えた結果、世界資本主義は1950年代に至り新たな段階へと移行した。すなわち、冷戦構造が激化するなか、中心部資本主義社会構成体は周辺部資本主義社会構成体への政治的、経済的介入を深め、結果において、後者は中心部資本主義国に対する従属性を強めた"[2]。

しかし、韓米両国の関係においては、中心部資本主義国である米国が周辺部資本主義国である韓国に対して政治的、経済的介入を深めた結果、独裁政権下において生成された「所有と経営の未分離」を特質とする韓国財閥が対米輸出に依存しつつ巨大化するという「矛盾をはらんだ成長」をもたらした。本書が1950-60年代韓国資本主義を、アミン説にいう「従属→停滞」ではなく「従属→矛盾をはらんだ成長」とするゆえんである。

そもそも「政府帰属財産」払下げを直接の契機として形成された韓国「特恵財閥」は、米国の対共産圏戦略を追い風として時の政権と癒着関係を深めていた特定民族資本や特定階層が自らの経済的基盤を拡大することで生成していったものである。これら特定民族資本や特定階層が「政府帰属財産」払下げに際し、李承晩大統領個人との太いパイプを利用して特権的優先権を獲得したのである。

その結果、当時新たに生まれた企業体にあっては、李承晩政権に強い結びつきを持つ特定個人による企業（グループ）内支配が異常なまでに強まり、オーナーとしての権勢を強大化させることとなった。ここに韓国財閥による「所有と経営の未分離」が構造化されていく初発の姿を見ることができる。この「矛盾をはらんだ成長」路線は、同政権を対共産圏戦略として支える米国にとっても背反するものではなかった。むろん、李政権自身にとってそれは、自らの政権基盤の安定を意味する政治的大事業として捉えられた。

第3節　韓日比較

　韓国財閥の特質を明らかにするには、米国が第二次大戦終結後、敗戦国日本で展開した「財閥解体」戦略について概観することも有効であろう。

　日本を占領した米国は「経済民主化」の重要な戦略として「財閥解体」に着手した。「財閥」を日本の軍事基盤の要とみなした米国は、すでに戦争継続中から「財閥」の最優先的解体策を占領政策の一環としてうち立てており、日本占領そうそうにその具体化を急いだ。「財閥解体」は、日本を非軍事化し侵略的脅威を除去する目的で行われた。

　だが、ひろく知られている通り、1948年の朝鮮半島・分断国家の誕生、同年の中国・共産軍大攻勢開始および翌49年の国民政府軍の敗退といった冷戦構造下の政治的緊張の高まりで、米国の世界戦略は一変した。それは50年の朝鮮戦争の勃発でさらに加速した。共産圏ソ連、中国との軍事的緊張が高まるなか、米国は一転して日本を同じ西側陣営の一員として位置づけ、すみやかに占領政策の転換をはかり、日本に「自立的な経済発展」を求めていくこととなったのである。

　一方、同時期の韓国においては、まだ解体の対象となるべき「財閥」は存在しておらず、米国は対共産圏戦略や冷戦体制下の世界情勢などを視座に入れた独自のグローバル・ポリシーに沿って、資金・物資両面にわたる巨額の対韓援助を継続しつつ韓国経済の再編やそのためのシステム作りを行うこととなった。日本にみられたような既得権益の擁護を唱えるような抵抗勢力としての財閥は当時の韓国には不在であった。

米国は冷戦の激化を機に、日本においては「既存勢力」の活用、韓国においては「親米政権」を通じた多分野にわたる政策介入によって、韓日それぞれに軍事戦略上もっとも有利な企業（グループ）育成のあり方を探ろうとしていた。こうした米国の介入政策によって見出される韓日両財閥の「非対称性」は次のように概括することができる。

　■　**韓日「財閥」——両国の中核企業体の異同**[3]
　日本財閥における中核企業体は金融資本であった。このことは米国の占領政策の焦点となっていた「財閥解体」が「日本の商工業の大部分を支配する産業と金融の大コンビネーション解体[4]」として位置づけられていたことからもわかる。当時の日本財閥は金融機関主導型集団としての特質を持っていた。

　一方、同時代の韓国では、民間金融機関がその傘下企業の株式を取得・保有するのではなく、「政府帰属財産」を払下げることで民間企業の育成がはかられた。くり返しふれてきたように、「政府帰属財産」とは、日本の植民地からの解放後、いったん米軍政府の所有となった旧日本政府・民間の資産が、建国直後、米軍統治の終結を機に韓国政府に無償で譲り渡された資産の一部を指す。

　それらの「政府帰属財産」は、その後韓国国内に拠点を持つ旧日系企業の生産・営業の再開（韓国政府・民間人による）に伴って次第に価値を高め、発足そうそうの李承晩政権にとっては有力な資産の一翼を担うものとなっていた。

　米国政府はこの「政府帰属財産」を民間の企業や個人に廉価な代償で譲渡することで韓国の財政状況の改善がはかられ、同時に、払下げの対象となった資産を民間が保有することで国内企業の資本力も強化できると判断した。そして韓国政府もこれを受け入れた。

　李承晩政権は「政府帰属財産」払下げ政策に乗り出した。ところが実際の払下げは公正な方法で行われたとはいえず、一部の大地主や旧官僚、銀行家、新興商人など特定階層や特定民族資本だけに有利な指名割当制方式がとられることとなった。「政府帰属財産」払下げ、なかでも「政府帰属

第3章　財閥の韓日比較史を通して

（銀行）株」払下げは、最終的にそれらの個人・企業に巨額の利得をもたらす結果となり、やがて彼らに率られた企業（グループ）によって韓国財閥は形成されていった。

韓日「財閥」の異同はこの点で明らかである。

2　政府財政──韓日「財閥」の生成をめぐる異同

日本においては、「財閥解体」を機に株主となった旧財閥系企業の従業員が「ドッジ・ライン」の引締め策からくる賃金の遅配欠配によって生活困窮に陥り、ついにはいっせいに株式を手放さざるを得なくなったそのとき、それら膨大な株式が再び元の財閥系企業の手に買い戻されて財閥が復活するという再転換が生じた。

占領軍が進めた「株式民主化政策」により、いったんは労働者・一般人の手に渡った株式が再び旧財閥系企業によって買い集められるという事態の発生については、相応の背景要因があった。それは、日本政府の手で続けられていた当時の「膨脹財政」政策が、結果として旧財閥系銀行筋に潤沢な内部留保を可能にさせていたことである。こうした内部保留が大量の株式購入資金に充当された。「財閥解体」によって旧財閥本社から従業員の手に渡ったはずの株式が、再び旧財閥系銀行を通じて旧財閥本社の手に戻り、「財閥復活」を可能にさせたというこの構図は、旧財閥が金融機関主導型企業グループであったがゆえにできあがったものといえる[5]。

日本に「自立的な経済発展」を望むようになっていた占領軍も、この復活を支援する立場に回り、銀行業に対しては例外的に「集中排除法の指定」を解除した。企業と銀行との密接化という戦前型金融制度が日米合意のもとで息を吹きかえし、そのなかで旧財閥は復活したというのが日本のケースである[6]。

一方、朝鮮戦争勃発前の1949年の韓国はすでに財政破綻の危機に瀕していたのであり、李承晩政権下では国家予算の歳入・歳出バランスが大きく崩れ、国内は未曾有の混乱状態に陥っていた。同政権は巨額の赤字を補塡するため、国債発行をはじめ政府借入金に依存せざるを得ない極面にあった。たとえば同年の政府当初予算は次の通り記録されている[7]。

1949年度政府当初予算（朝鮮戦争勃発の前年度）	
一般会計規模（総歳出額）	573億圓
税収を中心とする歳入規模	299億圓
政府借入金	274億圓
歳出に対する歳入の割合	48％

　表にみる通り、国の歳入規模は一般会計規模（総歳出額）の半分にも満たない破局的財政状況にあった。こうした窮迫する財政状況を招いた最大の原因は、軍事費の急増、それによる歳出の急膨張であったことはいうまでもない。

　李承晩政権はこの巨額の政府赤字、歳入欠陥を埋めるために、米国に援助（資金・物質両面からの援助）のさらなる増額を求めた。そして米国からの巨額援助を最大限に利用しつつ、一方ではそれがもたらす米国の過剰な政策介入・支配力をできるだけ回避し、自国の「自立的発展」を可能とする独特の対処法をとることとなった。それが当時台頭し、政治・経済の両面で次第に力を持ち始めていた新興民族資本（後の「特恵財閥」）の利用という選択だったのである。以後、李政権は一方で米国による巨額援助の利用、他方で国内有力資本の育成とその最大限の活用という二正面政策を強力に推し進めていくこととなる。

　李承晩政権が推し進めた新興経済勢力（すなわち「特恵財閥」）の育成策は「輸入代替工業化政策」のなかにも具現している。同政策は強力な国内産業保護策のもとで、国際的には高関税、輸入数量制限、外資規制などによって閉鎖的な保護貿易体制をとり、国内的には製造部門のなかの優位産業を保護育成しながら有力産業の活性化をはかり、とりわけ経済社会に覇権を固めつつあった「特恵財閥」を格別に優遇することで機能した。結果としてそれを支えたのが米国による巨額援助である。韓国財閥は米国による対韓援助を活用（さまざまな取引の受注など）することで自らの成長を進めることができた。

　このように、日本が戦前型自立的財閥を復活させたのに対して、韓国では親米＝李承晩政権との癒着関係を梃子に「援助経済」を利用しながら特有の「特恵財閥」を形成させた。そして「所有と経営の未分離」という韓

国財閥の特質は李政権によるこうした保護特恵(援助物資や既存物資の廉価払下げや、政府保有ドルの優先的払下げなど)を前提に形づくられた。韓日「財閥」の生成をめぐる異同はこの点で鮮明となるだろう。

3 米国による介入の挫折

"日本においては戦前の金融機関主導型経済が戦後も継続した"。これは一般に「連続説」[8]といわれるものである。同説がその論拠の一つとして挙げるのは、戦前型金融体制の復活を阻止すべく着手された米国主導の対日「税制改革」(すなわち「シャウプ税制勧告」)が、実際には所期の目的を達することなく失敗に終わった事実である。経緯の概略は次の通りである。

1949年5月、戦後混乱期のなかで機能不全に陥っていた日本の税制を再建すべく、C・S・シャウプ(Carl S. Shoup)を団長とする税制使節団が日本に派遣された。同使節団が作成した調査結果は、同年8月に「シャウプ税制勧告」としてまとめられた。翌50年4月、同勧告は一部の例外を除き日本の新税制として導入された。この「シャウプ税制勧告」に基づく新税制は、各種租税間の相互依存性を最重視し、一つの「完結した税体系」として機能させる性格を持っていた。

ところが「シャウプ税制勧告」導入の翌年(1951年)、新税制のもと全額総合課税(100%課税)とされた預金利子所得が日本政府の一方的措置により50%課税(源泉選択)に引下げられた。経済の自立回復、金融機関主導型経済の復活を目指す日本政府は、国内の資本蓄積を促すため、大衆性預金を含む国内資金の吸収をはかり、産業資本の育成へ向けてこれを戦後回復への本源的蓄積に向けようとしたのである。しかし、一部といえども、この重大な変更(預金金利所得課税の引下げ)はシャウプが唱えた「包括的所得税」の制度崩壊に通じていくこととなる。

1951年9月のサンフランシスコ講和条約に伴う日本の地位回復の実現とともに、租税制度改革の主導権は次第に日本側の手に移り、相次いで新税制の骨抜きが試みられるようになった。預金以外の利子所得、配当所得、キャピタル・ゲインといった資産所得に対する分離課税化(あるいは非課

税化)、さらには各種控除の拡大と続き、あらゆる「所得」が「包括的所得税」の対象外として取り扱われるようになったのである。その結果、「シャウプ税制勧告」による「包括的所得税」はなし崩し的に形骸化することとなった。

　そして1953年には預金利子所得に対する租税負担がさらに10％に改められ、同時に預金利子所得に対する源泉選択が廃止された（源泉分離）。2年後の55年には預金利子所得への課税が全面非課税となった。シャウプが当初目指した「総所得への総合課税」という核心部分は、わずか5年で「全面非課税」へと後退し、ここに「シャウプ税制勧告」は完全に崩壊することとなったのである。

　日本財閥の復活はこの「シャウプ税制崩壊」を機に現実のものになったといえる。この辺りの事情は次のように要約できる。

　日本政府は「シャウプ税制勧告」に反して預金利子所得の「全面非課税」を強行実現した。その結果、一般の預貯金が増大し、それが戦後日本の資本蓄積へと結びついていった。この強行策により日本は再び金融機関主導型の経済発展を目指すこととなった。日本の金融機関は豊富な調達資金を背景にかつての傘下企業の株式の再取得に動き、それらの保有株式を梃子に戦前・戦中期の「系列融資」を復活させた。金融機関と企業とのあいだにはいわゆるメイン・バンク制が生まれ、この構造が戦後の企業再建整備計画において力を発揮し、実効を挙げていくところとなった。この一連の動きのなかで金融機関との深い結びつきを持つ旧財閥系企業が浮上し、金融機関主導型の経済発展（戦前型「内発的発展」）を戦後においても継続できる体制にしていった。

　また、これにより比較的急速な経済復興へ向かい始めた日本は、1950年勃発の朝鮮戦争によって予期せざる「特需」の「恩恵」を受け、当初、米国が予測した水準をはるかに下回る援助資金で「自立的な経済発展」を目指すこととなった。51年会計年度以降、米国による対日経済援助は急減した。そして同年7月、戦後処理費（占領経費）の一部負担を代償として対日経済援助は打ち切られることとなった。

　朝鮮戦争「特需」による偶発的な軍事需要に誘発され、貿易規模もまた

第3章　財閥の韓日比較史を通して

急速な拡大傾向をみせた。波及効果は国内産業にひろく及び、日本経済全体の拡大をもたらしつつ、日本は「自立的な経済発展」への道を確実なものとしていった。

1950年代の経済発展を支えた銀行融資系列企業はこうして浮上し、三井、三菱、住友、富士（旧安田）という旧財閥系銀行の復活をほぼ達成することとなった[9]。日本財閥は米国による政策介入（「経済民主化」）の挫折を機に復活したといえる。

一方、韓国財閥はどうであったか。すでにみてきた通り、韓国財閥が政財界癒着を通じて生成していったという事情もまた、米国による政策介入（「金融民主化」）の挫折と大きく関係していた。

第2章でみたように、ブルームフィールド、ジェンセンらは対韓「金融制度改革」に向けた「勧告書」を作成し、これを韓国政府に建議した。同勧告書の中心課題は米国型「金融民主化」の実現に置かれた。その柱として提唱されたのが「間接金融」から「直接金融」への転換であった。企業の資金調達を「直接金融」主導に切り換えることで、従来の「ピラミッド型」金融構造（中央銀行の傘下に一般民間金融機関を取り込む構造）を変革できると判断したのである。

同時に、「ブルームフィールド勧告」で重要とされたのは均衡財政の達成であり、なかでもその最大の役割を担う機関として構想されたのが米連邦準備制度理事会（FRB）と同様の機能を持つ「金融通貨委員会」の設立であった（1950年6月12日設立）。ブルームフィールドらは、日本大蔵省（解放後は韓国財務部）の統治下に置かれていた解放前の韓国の金融構造を変えようとした。つまり、「旧・中央銀行」（朝鮮銀行）を頂点に特徴づけられてきたこれまでの官僚支配的な金融構造を解体し、「新・中央銀行」（韓国銀行）内部に独立性を保持した「金融通貨委員会」を新たに設置することで、同委員会を頂点とする民主的な金融体制を韓国に根づかせようとしたのである。

民間含め各界代表から構成される「金融通貨委員会」主導型の金融構造を定着させるため、ブルームフィールドらは同委員会に政策決定機関としての権限ばかりでなく、指示監督機関としての役割も付与することとし

た[10]。そして何よりも、金融政策が政府権力による不当かつ恣意的な介入にさらされることのないよう、FRB の制度に倣って「金融通貨委員会」の組織と構成のあり方について構想を練った[11]。しかし、ブルームフィールドらによる「金融民主化」政策は最終的に挫折し、崩壊した。

米国による対韓「金融制度改革」(「金融民主化」) の試み、とりわけ「金融通貨委員会」の運営が当初の意図に反して政府介入を許し、機能不全に陥ったのは主として次の要因に拠る。

ブルームフィールドらが訪韓した1949年、韓国は日本による植民地支配から漸く脱出し、建国まもない大混乱期にあった。国家予算の歳入・歳出の均衡は著しく崩れ、したがって財政は破局的な危機に見舞われていた。50年6月に勃発した朝鮮戦争による軍事費負担の急膨脹は、そうした国家財政を窮地に陥れた。軍事費増がもたらした膨脹財政の出現は逼迫した財政状況に追い討ちをかけ、均衡財政を目指す対韓「金融制度改革」の着手をいっそう困難なものとした。

朝鮮半島という東西冷戦体制の最重要地域に勃発した戦争は、韓国においては政府による膨大な中央銀行借入を不可避とした[12]。軍事費を減らすことは敵対する北朝鮮 (朝鮮民主主義人民共和国) の軍事的優位に繋がる。それゆえ、韓国政府は中央銀行からの巨額借入を減らすわけにはいかなかった。政府の過度なる中央銀行借入は急激なマネー・サプライ増をもたらし、必然的にハイパー・インフレーションを招き寄せた (朝鮮戦争勃発前の1947年を100とするソウル卸売物価指数は51年に2194.1、翌52年には4750.8、さらに53年には6466.1を記録した[13])。

もし仮にこのとき、インフレ対策として「金融通貨委員会」が引締め策に出るとするなら、それは同委員会が韓国政府に対して軍事費負担の削減を求めることと同じ意味を持つことになる。この点で、同委員会の発足趣旨は明らかに当時の米国の軍事戦略と対立する関係にあった。結局、米国は「金融通貨委員会」を発足させることで韓国に「金融民主化」を迫りながら、他方でこれを機能不全に陥らせ、李承晩独裁政権と軍事面での利害をともにした。ブルームフィールドらの「金融制度改革」が崩壊に追い込まれたのは、日本の植民地支配という負の遺産を背景とした国家的財政危

機に直面する韓国において、経済・軍事双方の相容れぬ米国の対韓戦略が同時に遂行されたためであるともいえる。むろんこの見方は、対日政策を含め、制度改革のみで「民主化」を実現させようとした「制度移植」の試みそれ自体に限界があったとみなす本書の主張を前提とするものである。

本節をまとめると次のようになる。
　米国は当初、理論上は対韓、対日ともに「緊縮財政」「あるべき国民経済」のビジョンを掲げた。だがそれらは、現実にはどちらの国でも挫折を余儀なくされた。米国の掲げた目的・大儀に反して、日本においては財閥が復活し、韓国においては政財界癒着による財閥の肥大化を生むこととなった。

第4節　経済成長の始動とその自立性の検討

　日本財閥は戦後、米国の意図のもとで解体への道を歩み始めたにもかかわらず、冷戦構造が深化すると米国による世界戦略の急変に遭遇し、一転、「国民経済の自立促進」という対日政策に沿いながら復活をとげることとなった。そしてこの対日政策の転換が日本型財閥、すなわち金融機関主導型の企業集団を急成長させることとなった。
　一方、韓国財閥は、親米＝李承晩政権によって展開された「政府帰属財産」払下げをめぐる政財界の癒着、およびこれを対共産圏戦略の一環として容認する米国の対韓政策を追い風として、巨額援助を利用しつつ成長の足取りを速めていった。そして李政権との人的癒着関係の有無が、各財閥のその後の盛衰に大きな影響を与えていくこととなった。
　ここで再び韓国財閥の特質について、具体的な経済史の流れから掘り下げてみる必要がある。韓国財閥の特質として指摘してきた「所有と経営の未分離」が、どのような歴史的条件のもとで構造化されていったのか、その過程の詳細を明らかにしなければならない。

◆4―1 「輸入代替工業化政策」から「輸出志向型工業化政策」への転換の内実

1950年代の韓国では李承晩政権のもと「輸入代替工業化政策」(高関税、輸入数量制限、外資規制、為替統制などによって自国内の優位な産業を保護育成し、輸入を国内生産に代替させる政策)が経済政策の重要な柱として掲げられ、追求された。韓国財閥はこの流れに乗って自らの成立基盤の確立へ向けて条件整備を固めていった。李政権との人的癒着関係を深め、米国による援助経済を最大限利用しつつ、重点産業領域への事業進出を積極的に進めていったのである。具体的には繊維工業(綿紡績、毛織物)、化学工業(ゴム工業、化学肥料)、工作機械工業(電気機器、繊維機械工業、動力機械工業、各種農業用機材)などの領域である。

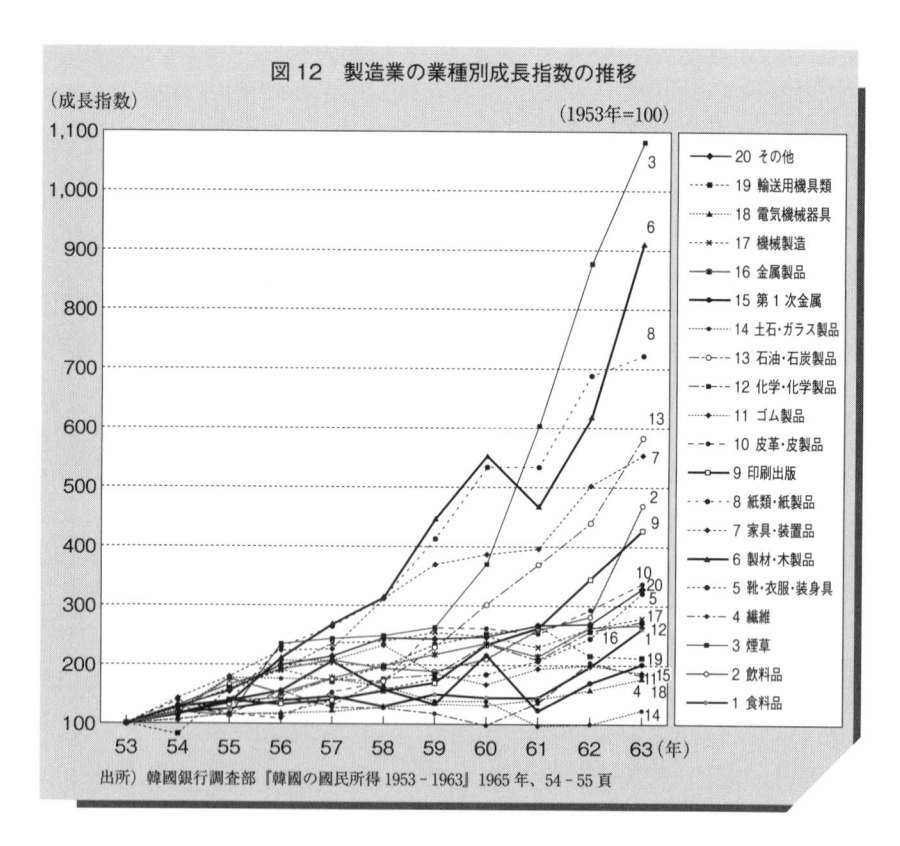

図12 製造業の業種別成長指数の推移
(1953年=100)

出所)韓國銀行調査部『韓國の國民所得 1953-1963』1965年、54-55頁

第3章　財閥の韓日比較史を通して

図13　製造業の業種別構成比の推移

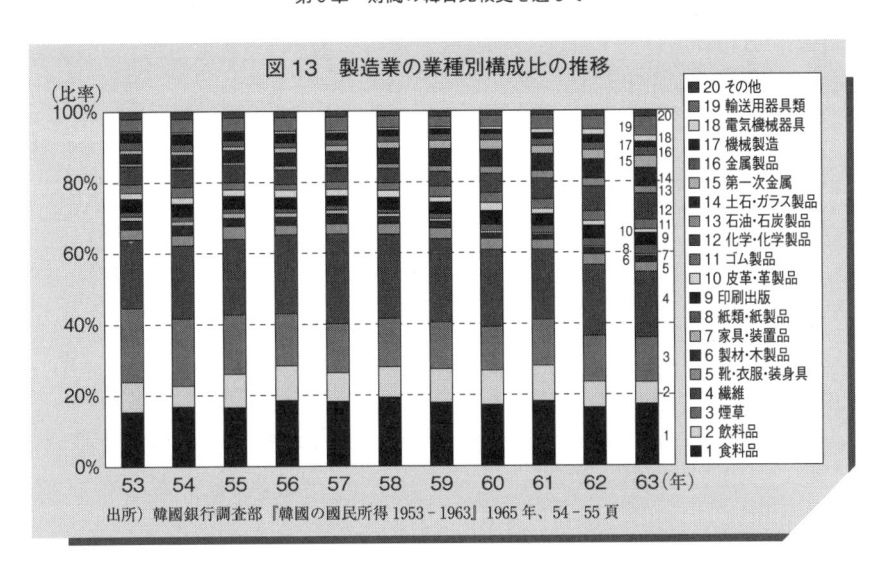

出所）韓國銀行調査部『韓國の國民所得1953-1963』1965年、54-55頁

　図12に示されるように、1960年代以降、製造業の業種別成長指数には急速な上昇が認められる。しかしながら、重要なのは、煙草、製材・木製品、家具・装置品、紙類・紙製品、石油・石炭製品、飲料品、印刷出版の成長指数に典型的にみられるように、その成長はすでに50年代から趨勢的に始まっていたことである。
　すなわちその趨勢は、1950年代の国連韓國再建團（UNKRA）による「韓国経済再建計画」（「ネイサン報告書」の「5ヶ年計画」、53-57年。一般に「総合開発事業計画」と呼ばれる50-60年代の韓国経済復興事業の出発点）や、タスカ調査団による「3ヶ年・総合経済計画」（54-56年）などを機にすでに始まっていたのである。60年代の高度経済成長を可能にしたのは疑いもなく50年代に蓄積された潜在成長力としての「固定資本形成」だったのであり、それは同図が示すように、多くの製造業種のなかに芽吹いていた。
　工業化を牽引した各製造業の構成比の推移を表わす図13によれば、とりわけ繊維や食料品、煙草などの比率が1950年代からすでに大きな比重を占めていたことがわかる。これらの産業分野では複数の政府優遇策がとられており、それらを十二分に利用することが、政権との結びつきの強い財閥系企業にとっては重要視された。政府優遇策とはすなわち、輸入代替産業に対する直接補助金の

交付や、事業所得税および法人税の軽減・免除、あるいは特恵的利子率の適用などである。これらの特典を活用することにより、財閥系企業は事業領域を国内にひろく拡大していくことができた。つれて生産拡大への潜在力となる設備投資も急速な拡大をみせた。図14、15、16から、工業化と「固定資本形成」は不可分の関係にあったことが理解できる。着目すべきは、国内総資本形成の成長高が1957年でピークを迎えた後、58年から62年まで停滞したこと、しかし同じ58年から62年に固定資本形成／国内総資本形成の比率の方は上昇傾向に転じたことである（図14）。当時、国内総資本形成や国内貯蓄、海外借入金の停滞にもかかわらず「固定資本形成」の伸びが着実だったことは図15、図16からも読みとれる。実際、57年から61年にかけては、米国主導の対韓援助の一環として推進された国連韓國再建團（UNKRA）事業により、板硝子、セメント、肥料、鉄鋼などの諸産業が新規生産を始めるようになった。

　以上により、1950-60年代韓国資本主義の経済発展は「固定資本形成」の基本的原動力によって保証されていたという見方が可能となる。

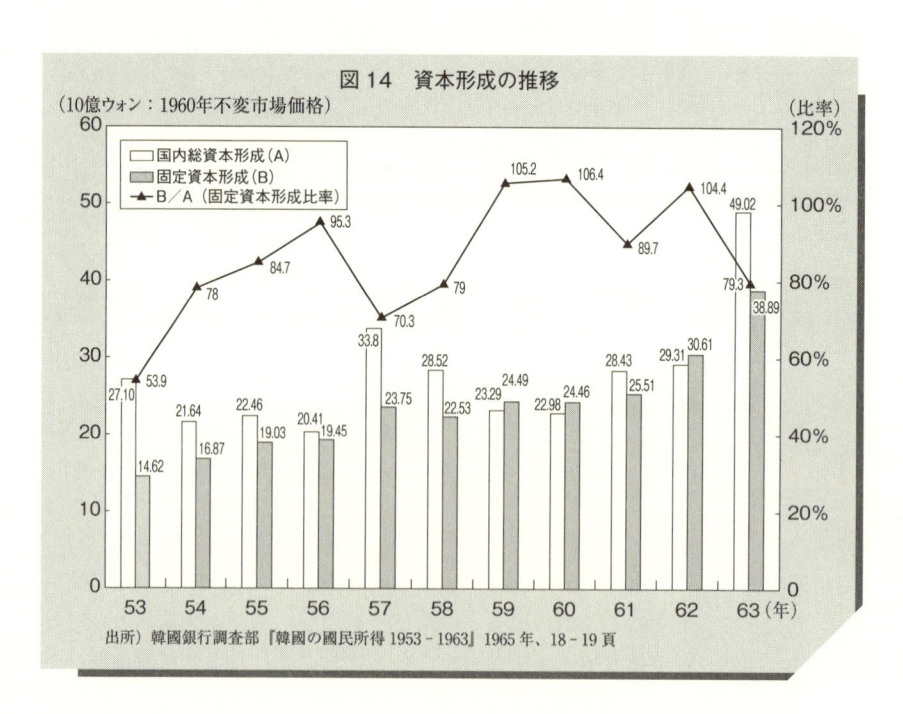

図14　資本形成の推移

(10億ウォン：1960年不変市場価格)

年	国内総資本形成(A)	固定資本形成(B)	B／A (固定資本形成比率)
53	27.10	14.62	53.9
54	21.64	16.87	78
55	22.46	19.03	84.7
56	20.41	19.45	95.3
57	33.8	23.75	70.3
58	28.52	22.53	79
59	23.29	24.49	105.2
60	22.98	24.46	106.4
61	28.43	25.51	89.7
62	29.31	30.61	104.4
63	49.02	38.89	79.3

出所）韓國銀行調査部『韓國の國民所得 1953-1963』1965年、18-19頁

第3章 財閥の韓日比較史を通して

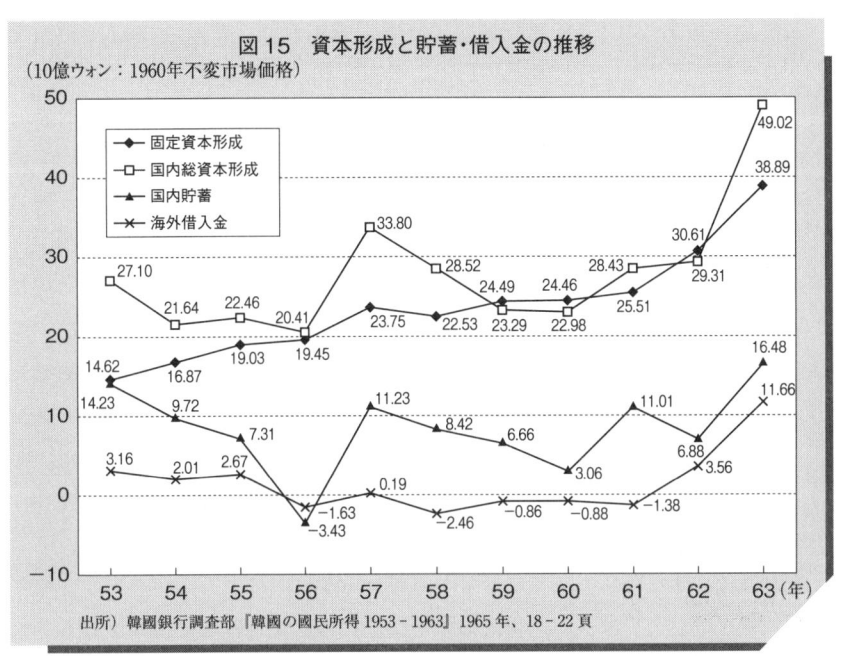

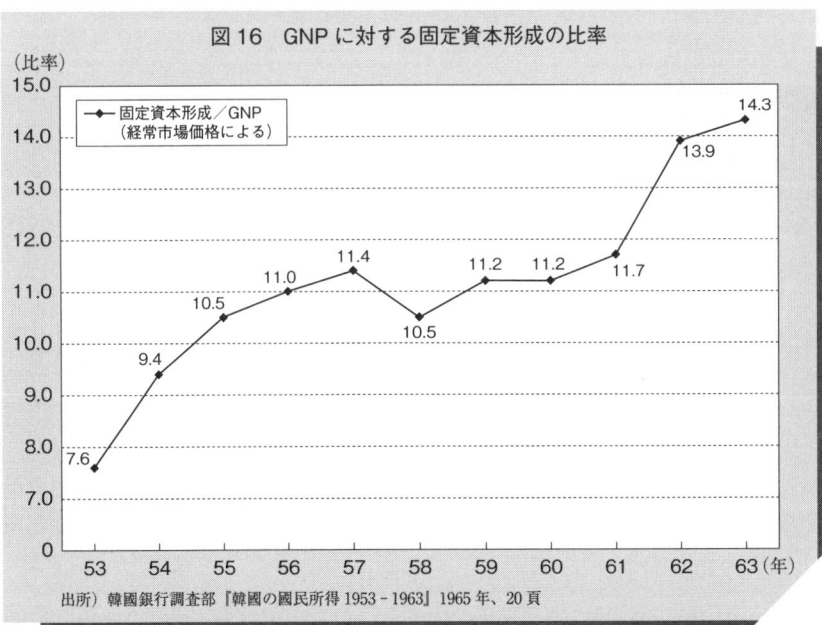

図15 資本形成と貯蓄・借入金の推移
（10億ウォン：1960年不変市場価格）

凡例：
- ◆ 固定資本形成
- □ 国内総資本形成
- ▲ 国内貯蓄
- ✕ 海外借入金

年	固定資本形成	国内総資本形成	国内貯蓄	海外借入金
53	14.62	27.10	14.23	3.16
54	16.87	21.64	9.72	2.01
55	19.03	22.46	7.31	2.67
56	19.45	20.41	-3.43	-1.63
57	23.75	33.80	11.23	0.19
58	22.53	28.52	8.42	-2.46
59	23.29	24.49	6.66	-0.86
60	22.98	24.46	3.06	-0.88
61	25.51	28.43	11.01	-1.38
62	30.61	29.31	6.88	3.56
63	38.89	49.02	16.48	11.66

出所）韓國銀行調査部『韓國の國民所得 1953-1963』1965年、18-22頁

図16 GNPに対する固定資本形成の比率
（比率）

◆ 固定資本形成／GNP（経常市場価格による）

年	比率
53	7.6
54	9.4
55	10.5
56	11.0
57	11.4
58	10.5
59	11.2
60	11.2
61	11.7
62	13.9
63	14.3

出所）韓國銀行調査部『韓國の國民所得 1953-1963』1965年、20頁

この動きに乗って、「特恵財閥」は「固定資本形成」に向けた発展形態をいっそう推し進めるようになっていく。それぞれの産業領域については各財閥間で棲み分けを行いつつ多角化を目指していった。たとえば著名な三星（サムソン）財閥はまず精糖業に発し、やがて繊維（紡績産業）へと事業を拡大した。所要資金の蓄積は初期の精糖業においてなされた。また金星（キムソン）財閥は紡績、東洋（トンヤン）財閥（三星財閥の精糖部門から独立）は朝鮮戦争休戦後の復興需要に的を絞りセメントほか建材部門を主たる領域として、それぞれ事業基盤を確立し、財閥として成長を果たした。さらに、楽喜（ラッキー）財閥は化粧品の国産化に始まりプラスチック櫛、歯ブラシを生産する電子機器、石油化学、繊維工業に進出し、坂本（パンボン）財閥は紡織部門、電線部門、三護（サムホ）財閥は紡織部門、双竜（サンヨン）財閥（金星財閥から改称）はセメント、製紙、貿易を中心として、それぞれ財閥化の基礎を築くようになった。このような政府主導の棲み分け方式によって、寡占化体制の確立が容易となり、資本蓄積が高度に進んでいったのである。

　次の時代、すなわち、1961年5月の軍事クーデターにより政権を奪取した朴正熙の時代においては、李承晩政権の「輸入代替工業化政策」に代わって「輸出志向型工業化政策」（製造業製品輸出が工業化比率の上昇をもたらし、これがさらに高度成長を促すという政策）がとられるようになった。輸出によって外貨蓄積を進め、経済の成長力を高めることで、「援助経済」から「自立経済」への転換をはかろうとする政策である。これにより政権自らが先頭に立って海外市場の開拓に乗り出す体制ができあがっていった。

　韓国財閥にとってはこの政策転換も自らの資本蓄積をいっそう強化させる契機となった。財閥は両政権時代を通じて自らの存立基盤の強化に実効を挙げていくことができた。すなわち李承晩政権下にあっては、国内における広範な主要産業領域への進出によって、また朴正熙政権下にあっては、国内産業基盤の強化から生まれた輸出産業領域への進出によって、ともに市場拡大をはかることができたのである。

　では1950年代、李承晩政権が掲げる自立経済政策と米国が掲げる対韓経済援助政策とのあいだで拡大した諸矛盾に対し、韓国財閥はこれをどのように利用しながら独自の成長を果たしていったのか。

　当時、李承晩政権は「援助政策」を通じてあらゆる局面から介入してくる米

国を牽制する必要に迫られていた。政権の持続と自立性を保つためである。しかし、自らの政権基盤を強化・持続するには米国からの巨額援助を利用し、国内における破局的な財政危機を乗り超えていかなければならなかった。すなわち、米国による巨額援助を利用しながら国内政治の自主・自立性を確立していこうというのが李政権の政治手法となっていた。韓国財閥はこうした李政権の矛盾を巧みに衝き、政権の意図に沿う方向性を探りながら、援助経済からもたらされる特恵的立場を最大限に利用して巨大な利得機会を獲得していこうとしたのである。

以下、具体的な対韓援助プロジェクトの例を紹介しながら韓国財閥との関係をみていく。

◆ 4 ― 2　各種「対韓援助」と韓国財閥の生成

対韓援助と韓国財閥との関係については、当時、韓国に対して実施された1950 - 56年の米国主導による「韓国民間救護計画（CRIK：Civil Relief In Korea）援助」（国連決議に基づくもの）、53 - 56年の米国による「国防省防衛基金（FOA：Foreign Operation Administration）援助」、51 - 60年の「国連韓國再建團（UNKRA：UN Korea Reconstruction Agency）事業援助」（「ネイサン報告書」に基づく「5ヶ年計画」ほか）など、米国および国連による一連の援助政策に財閥系企業がどのように関与していたかという点から捉えることができる。

（a）「韓国民間救護計画（CRIK）援助」

「韓国民間救護計画（CRIK：Civil Relief In Korea）援助」は、「Civil」の名を冠していることからもわかるように、朝鮮戦争の禍中で未曾有の困窮にさらされた韓国一般市民への生活援助・救済を主眼に行われたものである。これは米国主導の対韓援助のなかでも朝鮮戦争収束後の復興政策の始まりとされるもので、同計画では生活必需品など日常生活に欠かせぬさまざまな物資が集中的に供給された。

同計画により供与された援助物資は石油・石油製品、石炭・石炭製品、金属製品、化学製品、建築資材、工場修復資材、農業用品、肥料、繊維、衣料品、穀物、食糧品、医療・衛生用品、身回品（石鹸、ゴム靴、その他

各種ゴム製品）など広範囲にのぼった[14]。また、流通経路の構築、輸送手段の確保など経済社会生活に欠かせないインフラ整備も行われた。

　これらの配給・整備事業を主として担ったのが当時の有力民族資本である。生活・社会基盤の回復という公共的な事業に、すでに生成されつつあった財閥系企業が参入し、政権との癒着関係を活用しながら経済活動の場を広げていったのである。これが以後の財閥形成、傘下企業台頭の萌芽となった。CRIKによる援助総額は4億5737万8000ドルにのぼったと記録されている[15]。援助経済が財閥の生成に手を貸し、政権と癒着するオーナー一族が財閥を支配するという「所有と経営の未分離」を特質とした韓国型の経営形態はこうして構造化されていった。

（ｂ）「国防省防衛基金（FOA）援助」

　1953年7月、米対外活動局によって「国防省防衛基金」（FOA：Foreign Operation Administration）が創設された。朝鮮戦争収束後の韓国社会の再建を目的とした同基金に基づき、同年12月には「韓米合同経済委員会協約」（白・ウッド協約）において「総合復興計画」（3−4ヶ年計画）が策定された。基金は開始翌年の54年度だけで2億ドルを超え（本書117頁参照）、「国連韓國再建團（UNKRA）事業援助」に拠出された[16]。

　一般市民生活に欠かせない救済事業、物資提供を目的に行われた先のCRIK援助とは異なり、FOA援助は朝鮮戦争休戦後の産業基盤の整備と生産力の向上に重点が置かれた。その配分は、原材料・資材の購入費が66.5％、工場はじめ生産設備の復旧を目的とした生産財購入費が33.5％である[17]。輸送、通信、発電部門の復旧・増強に始まり、援助物資輸送体制を整備するための港湾・鉄道の復旧、地下資源開発のための鉄道路線の新設、貨客車の建造などが同基金によって積極的に進められた[18]。

　FOA援助は財閥系企業にとって固定資本の整備や設備投資を進めるまたとない機会となった。新興民族資本も加わって事業への参入を競い合い、獲得資金は自社の生産基盤の拡充に投入されていった。政権とのパイプもより太く補強され、利得は政権安定を支える政治献金などに姿を変えていった。政権と財閥とが利害をともにする体制である。

いうまでもなく、援助基金の振り分けを左右するのは被援助国側の政府である。「援助」が政権を介して「財閥」の生成を促進するという韓国型の強固な経済構造はこうしてできあがっていくことになる。

(c)「国連韓國再建團（UNKRA）事業援助」

「国連韓國再建團（UNKRA : UN Korea Reconstruction Agency）事業援助」とは、朝鮮戦争によって疲弊した韓国への復興支援を目的に、1950年12月結成のUNKRAによって行われた援助政策である。同援助は、朝鮮戦争勃発後、最も長期にわたって継続された対韓援助プログラムであり、米国単独ではなく、国連主体の大規模援助という点に特徴があった（一連の援助は1951年から60年まで。「ネイサン報告書」に基づく「5ヶ年計画」は53年から57年まで）。

この「UNKRA事業援助」こそ韓国企業・財閥の「固定資本形成」の強化にとり最も大きな役割を果たしたものである。援助総額の70％が繊維、化学、板ガラス、セメントなど、その後の財閥系企業の要となる産業分野に振り向けられ、基金は設備投資をはじめ各種固定資本の充実に当てられた[19]。因みに各国が国連を通じて拠出した同援助の合計額は1億4100万ドル、うち約66％の9300万ドルが米国の分担金であった[20]。

当時の韓国は「援助経済」の様相を深め、実際には「自立経済」への志向性を希薄化させていた。その流れは同時に韓国型財閥の生成、強化、拡大を促し、政権と財閥との結びつきをさらに密接不可分なものにしていった。韓国社会の戦後復興を目的とした「援助経済」はこうした歪みを内包したまま続けられた。見かけ上の経済発展路線を歩み始めた1950年代の韓国の姿は当時の対韓援助政策の特質と限界を表わすものともいえる。

事情は、続く1960年代の朴正煕政権による「輸出志向型工業化政策」でも大きく変わることはなかった。米国主導の援助政策は朴政権下の「輸出志向型工業化政策」においても不可欠な前提条件となり、財閥はさらに重化学工業部門を新規重点事業に加え、輸出産業へと大きく変貌をとげていった。韓国財閥における「所有と経営の未分離」の構造はこうした経緯のなかで強化され、温存

されていった。

しかしそこには、「所有と経営の未分離」という特殊構造を生み出した決定的な内部要因として、米国の対韓「金融制度改革」（「金融民主化」）の挫折、失敗という独特の事情があったのである。

◆4─3　「金融制度改革」の挫折と韓国財閥

1948年8月の建国から61年5月の軍事クーデターに至る13年間、韓国はアジア諸国のなかで最大の「被援助国」であり続けた（48年から61年に至る米国の対韓援助総額は31億3900万ドル。因みに、61年の韓国のGNPは約21億ドル[21]）。独立後まもなく援助打ち切りとなった日本とは異なり、韓国は長期にわたって米国の援助を必要とした。

歴史上、韓国は反共を国是とする分断国家であり、中心支配国である米国は親米政権を掲げた李承晩政権との関わりを重視した。東西冷戦構造のもと、米ソ対立の最前線に位置する韓国は米国にとっての重要な軍事戦略上の拠点であり、いわゆる「反共の砦」としてこの国を支配従属下に置くことが西側自由主義陣営にとっての至上命題となっていた。

ブルームフィールドらによる「金融制度改革」（「金融民主化」）構想が挫折、失敗に至ったのも、その真因は米国の軍事戦略上によるところが大きかった。同改革の核心をなしたのは、韓国金融行政に関して大きな権限を持つ「金融通貨委員会」の発足構想である。同委員会はその発足の趣旨に従い、構成員の選定、運営、権限に至るまで、中央政府による介入を一切許さない独立性を保持した機関として設置が目指された。しかし、米国の軍事上の戦略と並走する韓国政権によってその趣旨が歪められたまま発足され、機能不全に陥った。これが「金融制度改革」の挫折、失敗に至る大きな引き金となった。

「金融制度改革」構想が挫折するまでの経緯についてはさらに補足すべきものがある。それは、「金融通貨委員会」を実際に機能させ得るかどうかが改革の流れの成否にとり大きな鍵になったという事情である。

ブルームフィールドらは1950年2月発表の最初の勧告書 *Recommendations Regarding Central Banking Reform in South Korea*（通称「ブルームフィールド勧告」1）において、「韓国銀行［新・中央銀行］による政策または業務を

第3章 財閥の韓日比較史を通して

国民経済における広範な業績を代表する7名からなる「金融通貨委員会」の監督下に置く、という考えが韓国で認識され、かつ受け入れられるには時間を要する[22]」と述べていた。当初より、同委員会を建議通りに実現させるには大きな困難が予測されていたことがわかる。

1950年6月12日、そうした困難を予期したうえで、「金融通貨委員会」は「韓国銀行」の設立とともに発足された。ブルームフィールドは52年3月発表の勧告書 *Report and Recommendations on Banking in South Korea*（通称「ブルームフィールド勧告」3）において、同委員会に「政府帰属株」払下げを監督する重大な任務を付与すべく、こう述べている。

「韓国における金融制度改革の主たる要件の一つとして、政府保有の銀行株をできる限り早く民間に譲渡することが重要である。政府と金融機関との相互の独立性をいかに保持できるか、韓国経済の未来はそこにかかっている[23]」。

政府が民間銀行資本を保有するというこの国の金融構造をできるだけすみやかに解消するよう勧告したのである。

また同「勧告3」では、「政府が銀行株を保有する現況では、民間金融機関への政治的圧力は避けられないだろう。これでは、正常かつ健全な金融政策とは著しく掛け離れた恣意的かつ近視眼的な干渉が銀行に対して続けられることになる[24]」との懸念を指摘したうえで、「政府保有の相互銀行［朝興銀行］株、商業銀行株、信託銀行［興業銀行］株、および貯蓄銀行株をできるだけ早く民間［企業および個人］に売却[25]」すべきことを提唱している。

「株式市場の民主化政策」、すなわち「直接金融」主導型経済の定着を目指すこの試みは、"政府が保有する銀行株の民間譲渡"に止まるものではなかった。ブルームフィールドは、各行が保有する他行の株式についても民間に譲渡する必要があるとした。たとえ「政府帰属株」の処分が可能となっても、各行が他行の株式を保有する「銀行相互持合い株」が温存されている限りは、株式市場の真の発展など望めないとしたのである[26]。

銀行間で保有する株式を民間に譲渡できたならば、銀行株の持合い関係は解消し、直接金融システムは着実に発展する、つまり、政府出資割合を一定限度に抑え、残余を民間資本にあおぐならば、政府による恣意的な金融政策も抑制できる。ブルームフィールドはこのように判断した。

もっともそのことにより、「金融通貨委員会」の母体である中央銀行の役割が民間資本による利潤追求と同化してしまう懸念もあった。しかし、その懸念と「政府による中央銀行への政治的介入」とを比較したとき、ブルームフィールドは前者より後者の危険性を重視した。金融の独立性を高める道が「金融民主化」にとっては何よりも重要だと判断したからである。

　だが、「ブルームフィールド勧告」の核心をなす「金融通貨委員会」は結局、韓国政府の恣意的な介入と米国の軍事戦略の影響により機能することができなかった。同委員会による「政府帰属株」払下げの監督は実行されず、「政府帰属株」は李承晩大統領と個人的な結びつきを持つ特定企業・個人が大量に取得することとなった。「政府帰属株」払下げは特定民族資本や一部の大地主、旧官僚、銀行家、新興商人など特定階層に有利な条件（指名割当制）で行われてしまったのである。

　「政府帰属株」払下げを受けたこれら特定企業や個人は「特恵財閥」へと成長し、自らの基盤強化をはかることができた。金融機関が中心となって企業の株式を保有した日本とは異なり、韓国では政府保有の大量株式を「財閥」が手にする結果となった。この「政府帰属株」の主要な部分が「銀行株」であったことはいうまでもない[27]。

　以後、米国の対韓援助に寄生する「財閥」オーナー（一族）は、その反対給付として与党自由党に莫大な政治献金を行うこととなった。これにより親米＝李承晩政権の政治・経済的安定が確保され、韓国財閥の存在は米国にとっても対韓政策の経済的影響力を維持し得る重要な要素としてその利用価値を失うことはなかった。米国と韓国財閥は互いに韓国政権を支え合う関係として利害を共有していたといえる。

❖第5節　まとめ

1950年代の韓日両財閥の特質は次の4つの論点から捉えることができる。
（1）1950年代の米国の対韓政策は、韓国の独裁政権（李承晩政権）の政治的安定を第一義とした。独裁政権の安定をはかることで韓米両国の軍事力を強化し、「共産勢力防圧」という自国の世界戦略（韓国をして北への砦

第3章　財閥の韓日比較史を通して

となす）を成功させることが米国にとっては最優先の課題とされた。同戦略から導かれる対韓政策とは、第一に、親米＝李承晩政権の政治基盤をより強固なものとすること、第二に、韓国経済界に高まりつつあった経済自立志向には絶えず一定の歯止めをかけておくこと、であった（米国側は韓国内部に広がる経済自立志向が対米自立要求に発展することを強く警戒していた）。その意味で、韓国政権の制御下にあってその経済社会的国内覇権を確立しつつあった「特恵財閥」の存在は、米国政府にとっても世界戦略上重要な意味を持っていた。

韓国「特恵財閥」の生成・発展の背景にはこうした米国による世界戦略が絡んでいたのであり、やがてこの「特恵財閥」が、国民経済を牽引しつつ1950-60年代韓国を「矛盾をはらんだ成長」へと導いていくのである。

（2）ブルームフィールドらの「制度移植」の試みは「金融民主化」という目的を果たすことなく崩壊の道をたどった。それと同時に、韓国財閥の前身（新興商人等の特定階層や特定民族資本）は韓米両政府の利害関係を背景として李承晩大統領との個人的結びつきを強め、「政府帰属株」払下げを優先的に享受することで「特恵財閥」へと成長していった。その結果もたらされたのが政財界癒着の構造を本来的に内部に組み込んだ「所有と経営の未分離」であり、「特恵財閥」が持つこの特性は以後の韓国経済の発展のあり方に大きな影響を与えるところとなった。

ブルームフィールドらの「金融制度改革」の失敗によって、「政府帰属株」払下げによる利権は極めて恣意的な、公正さを欠いた配分方法で「財閥」オーナー（一族）の手に譲渡された。「政府帰属株」払下げ、なかでも「銀行株」の払下げを受けた「財閥」オーナーは、その売却益で巨額の資金を手中に収め、当時の経済復興政策において重要な役割を担っていた「間接金融」領域を自らの支配下に収めることができた。財閥によっては自らの傘下に金融業種を取り込み、金融事業に部分参入するところも出現した。

「所有と経営の未分離」を特質とする「特恵財閥」はこの時点に発した。「制度移植」の挫折は「金融制度改革」（「金融民主化」）の失敗だけでなく、「特恵財閥」という副産物をもたらした。

（3）"対共産圏戦略における韓米両政府の利害の一致"という特異な状況下で生まれた「特恵財閥」は、その成長基盤の源泉を「対米依存型貿易」に大きく求めた。米国もまた、政権の「制御下」にある「特恵財閥」に文字通り「特恵的」な処遇を与え続けた。特恵関税（低開発国など特定国からの製品輸入に差別的な低関税処遇を行うこと）の適用もその一つであった。1950‐60年代における韓国の対米輸出品のうち、最終消費財の多くがこの特恵関税の対象とされた。

「輸出」を中心とした「財閥」の対米依存構造は韓国経済そのものの対米依存構造を深化させ、固定化させた。加えて、米国による巨額援助は「財閥」の肥大化を促した。「輸出」と「援助」によるこの対米依存構造は、以後の韓国経済全体の特質を規定することとなった。

（4）一方、1950年代の米国の対日介入政策（「ドッジ・ライン」「シャウプ税制勧告」など）は米国の「世界戦略上の転換」を機に挫折した。米国の対日政策の転換を窺いながら、日本の旧財閥系企業は再結集し、「財閥解体」等の「経済民主化」路線から離脱をはかり、金融資本を中心とする「自立的な経済発展」路線へと転じた。そして、それぞれのメイン・バンクを核に各旧財閥系企業があらゆる産業領域を手がけるというワングループ・ワンセットの産業支配形態を復活させた。

これは、対米依存や縁故資本主義の様相を深めた韓国とは異なり、日本では金融機関主導型の「内発的発展」経済が戦前、戦後を通じて継続したとする説（「連続説」）を裏づけるものである。

さて以上の論述が明らかにするのは、1950‐60年代の韓国に関する限り、本章の冒頭で検討された「アミン説」は普遍性を持たないという事実である。アミンは同時代の資本主義世界の分析において、「中心部資本主義社会構成体」が「周辺部資本主義社会構成体」に政治・経済的介入を深めると、結果において「周辺部資本主義社会構成体」は「中心部資本主義社会構成体」への従属性を強め、経済発展を「停滞」させる、と唱えた。しかし、少なくとも50‐60年代の韓米関係においては、「中心部資本主義国」である米国が「周辺部資本主義国」である韓国に政治・経済的介入を深めた結果、韓国はアミン説にいう「停

第3章 財閥の韓日比較史を通して

滞」というパターンではなく、特有の歴史的過程をたどった。

まず「周辺部資本主義社会構成体」である韓国では、時の独裁政権と政治・経済的利害関係をともにした「特恵財閥」が生成され、政権を強力に支える役割を担っていた。次に韓国では、この政財界の「人的癒着」によって、特定の企業・個人を優遇する特恵的基礎が築かれたため、「所有と経営の未分離」という韓国特有の企業構造が固定化することとなった。そして「周辺部資本主義社会構成体」内部におけるこの"独裁政権と特恵財閥"が「中心部資本主義社会構成体」としての"米国"に「従属」することで、韓国では極めて特異な「経済成長パターン」が生み出されることとなった。

こうした韓米間の歴史的過程は、アミン説にいう「支配・従属・停滞論」とは異なる形で両構成体(「中心部資本主義社会構成体」と「周辺部資本主義社会構成体」)の関係が成立していたことを証明するものである。

少なくとも、1950-60年代の韓国資本主義はアミン説にいう「従属→停滞」の過程としてではなく、「従属→矛盾をはらんだ成長」の過程として捉えなければならない。

1) Amin, Samir, *L'Accumulation a l'échelle mondiale*, Editions Anthropos, Paris, 邦訳アミール・アミン『周辺資本主義構成体論』(第2分冊目) 野口祐・原田金一郎訳、柘植書房、1980年、203-204頁。
2) 同上書、41-42頁。このアミン説の根幹は、「世界資本主義は主導的な「中心[部]資本主義[社会]構成体」と従属的な「周辺[部]資本主義[社会]構成体」から成立し、中心[部]資本主義に法則的に規定され、発展を封じ込められた「周辺[部]資本主義[社会]構成体」としての第三世界が生み出された」とするところにある (同266-271頁)。
3) ここでいう「中核企業体」とは、韓国においては1950年代を萌芽期とする「特恵財閥」、日本においては占領軍による「財閥解体」以降に再び復活した企業グループ(「旧財閥」)を指す。
　　韓国では具体的な「特恵財閥」として「三星財閥」(李秉喆(イ ビョンチョル)代表)、「三護(サムホ)財閥」(鄭載護(チョンジェホ)代表)、「金星(クムソン)財閥」(金成坤(キムソンゴン)代表、後に双竜財閥に改称)、「楽喜(ラッキー)財閥」(具仁会(クインフェー)代表)、「東洋財閥」(李洋(イヤン)球代表)、「坂本(パンボン)財閥」(徐甲虎(ソカプホー)代表)が挙げられる。
　　因みに、三星財閥内の代表的企業である第一精糖の経営規模は、以下の通りであった。

103

単位：100万ホワン

年度	納入資本金	買上額	純利益	対売上高利益率
1953	10	46	−3	−6.5
1954	20	722	162	22.4
1955	200	2,809	124	4.4
1956	400	4,689	117	2.5
1957	600	2,613	22	0.8
1958	1,000	5,646	−266	−4.7
1959	2,000	8,943	67	0.7

出所）『三星五十年史』三星会長秘書室、1988年、128頁

　所有構造については、各財閥の最大株主である代表者が、系列企業の代表も兼ねるというピラミッド型の統治構造が機能していた（系列企業：三星は三星物産・第一毛織・第一精糖・味豊産業・第一銀行・安國火災保険・東邦生命保険・中央放送・中央日報／三護は三護貿易・三護紡績・太田紡績・朝鮮紡績・第一銀行・第一火災保険・同和通信／金星は双竜セメント・金星紡績・太平紡績・金星産業・慶北織染・高麗火災保険・東洋通信／楽喜は楽喜化学・楽喜ビニール・楽喜油脂工業・金星社・韓國ケーブル・半島商事／東洋は東洋セメント・東洋製菓・東洋産業開発・東洋建設振興／坂本は坂本紡績・坂本貿易）。

　一方、日本の企業グループについては、奥村宏が『法人資本主義の構造　新版』（社会思想社、1991年、62-68頁）において、「50年代前半においては各分野で財閥復活的な動きが盛んであり」と指摘したうえで、1954年7月の三菱商事復活（資本金6億5000万円）と、同商事の大株主として三菱系企業が名を連ねるに至った事実を挙げている。また奥村は、東日本重工、中日本重工、西日本重工の三社に解体された三菱重工業の再建整備、さらに「内発的に財閥復活、強化の意図がはっきりとあらわれているものとして住友機械（現在の住友重機械）」の例も挙げている。奥村は、53年の独占禁止法第2法改正を機として金融機関の株式所有制限が相手会社の5％から10％に拡大し、「三菱、三井、住友のような旧財閥系企業集団ではその集団内で金融機関が事業会社の、事業会社が事業会社同士で、金融機関が金融機関同士で、そして事業会社が金融機関の株式を取得するという有機的な、円環状の株式持合いがここにできあがる」と述べている。さらに「戦前の二、三流財閥、新興コンチェルンなどの流れを汲む企業や独立色の濃かった企業もそれぞれ大銀行に結びついて、そこから系列融資を受けるとともに、その銀行と各企業とのあいだで株式の相互持合いが行われた」ため、富士銀行（旧安田系の東邦レーヨン・日本精工・沖電気など／旧浅野系の日本鋼管・日本セメントなど／旧森系の昭和電工／旧日産系の日産自動車・日産化学・日本油脂など）、第一銀行（旧渋沢系の石川島重工・汽車製造など／古河系の古河電工・古河鉱業・日本軽金属・富士電機・横浜護謨など／川崎系の川崎重工・川崎製鉄・川崎車輛など／神戸製鋼系の神鋼電機・神鋼造機・日本エアブレーキなど／藤山系の大日本精糖・日東化学など／明治精糖系の明治製菓・明治乳業など）、三和銀行（大日本紡績［後の日本レイヨン］／大和紡績／鈴木商店系の帝国人絹／旧日産系の日立造船・山下汽船・新日本汽船・東洋電機・東洋ベアリング・中山製鋼・尼崎製鉄・ダイハツ工業など／旧岩井系の岩井産業・東亞紡織・関西ペイント・日本鉄板など）を中心とする企業グループの成立が「財閥復活」の事例として挙げられている。

第3章 財閥の韓日比較史を通して

4) 広田四哉「3．旧資産階級の没落」(中村政則・天川晃・尹健次・五十嵐武士編『占領と戦後改革』[「戦後日本・占領と戦後改革2」] 岩波書店) 131頁。なお、ここで述べる「金融資本」とは、財閥傘下企業の自己資本比率の低下とともに系列銀行との密接化がはかられ、その結果として生まれた企業体を指す。
5) 奥村宏『法人資本主義の構造　新版』社会思想社、1991年、53頁。
6) 同上書。
7) 韓國財務部『韓國税制史(上)』1978年、166‐167頁。
8) 伊藤修『日本型金融の歴史的構造』東京大学出版会、1995年、117頁。
9) 島田克美「財閥の復活―株式相互持ち合いで結束」(有沢広巳編『昭和経済史』日本経済新聞社、1977年) 339‐341頁。
10) 金建「韓國銀行法の変遷」(韓國銀行調査第一部『韓國銀行四十年史』1990年) 付録に所収。
11) Bloomfield, Arthur I., *Chapter V, Report and Recommendations on the Korean Reconstruction Bank*, August 26, 1960 (Arthur I. Bloomfield and John P. Jensen, *Reports and Recommendations on Monetary Policy and Banking in Korea*, Reprinted by Research Department, Bank of Korea, 1965) p. 158.
12) 韓國財務部、前掲書、167頁。
13) 同上書、155頁。
14) 韓國年鑑編纂委員会『1955年版　韓國年鑑』嶺南日報社、1955年、156頁。
15) 同上書、156頁。
16) 同上書、155頁。
17) 同上書、152頁。
18) 同上書、155‐156頁。
19) 自由黨中央黨部政策委員會『政策參考資料』1957年、954頁。
20) 同上書、962頁。
21) 野副伸一「第3章　成長の奇跡」(渡辺利夫編『概説　韓国経済』有斐閣、1996年) 50‐51頁。
22) Bloomfield, Arthur I. and John P. Jensen, *Chapter I, Recommendations Regarding Central Banking Reform in South Korea*, February 3, 1950 (Arthur I. Bloomfield and John P. Jensen, *Reports and Recommendations on Monetary Policy and Banking in Korea*, Reprinted by Research Department, Bank of Korea, 1965) p. 5‐6.
23) Bloomfield, Arthur I., *Chapter III, Report and Recommendations on Banking in South Korea*, March, 1952 (Arthur I. Bloomfield and John P. Jensen, *Reports and Recommendations on Monetary Policy and Banking in Korea*, Reprinted by Research Department, Bank of Korea, 1965) p. 69.
24) *Ibid.*, p. 69.
25) *Ibid.*, p. 70.
26) *Ibid.*, p. 70.
27) 梶村秀樹「第3章　韓国経済における政府の役割」(富岡倍雄・梶村秀樹・新納豊・鈴木義嗣編『韓国経済試論』白桃書房、1984年) 181頁。

第4章　米国による対韓「制度移植」の矛盾とリスク

「ブルームフィールド勧告」の挫折の過程

✣第1節　はじめに

　日本の植民地支配からの解放と米軍政時代を経て、冷戦構造下の1948年に分断国家として歩み始めた韓国は、建国そうそう米国から財政・金融制度の抜本的改革を迫られることとなった。膨張財政、インフレ、恣意的金融政策などによる国民経済の混乱を放置すれば、米国の対共産圏戦略そのものが揺らぎかねないとの懸念からであった。米国は巨額の経済援助によって「反共の砦」韓国の安定をはかるとともに、韓国政府に自国の連邦制度準備理事会（FRB）をモデルとした政治的独立性を核とする「中央銀行制度」の創設と、インフレを収束させるための「引締め的安定」策の履行を強く迫った。だが、米国型「制度移植」「安定策」の試みはともに失敗に終わり、韓国経済は前後12年近くにわたる李承晩長期独裁政権によって大きな影響を受け続けることとなった。

　第2章の冒頭でもすでにふれたように、李承晩政権の最初期である1940年代末、建国直後の韓国は深刻な経済的混乱に見舞われていた。日本の植民地支配から漸く脱した後、国家統治の覇権が米国の手に移り、韓国は米国の「援助経済」体制下に組み入れられることとなった。第二次大戦直後、「マーシャル・プラン」（欧州復興援助計画）の被援助国となった欧州各国と同様、当時の韓国も「援助経済」に特有の膨張財政、金融混乱、結果としてのハイパー・インフレーションに翻弄されるところとなっていた。

　また、第二次大戦を終結させた戦勝国のうち唯一、国家的余力を残していた米国は旧同盟国、旧交戦国、旧植民地国を問わず、戦後復興に乗り出す各国に対して物資を中心とする経済援助の供与とともに各種使節団、経済顧問団を派遣し、経済復興、経済秩序の回復を先導した。植民地離脱後の韓国には米経済協力局（ECA: Economic Cooperation Administration）使節団が派遣され、深刻な財政破綻・経済危機の渦中にあった同国政府に経済援助の提供プログラムの受け入れ要求や総合的な「金融・財政諸制度」の抜本的な改革提案を行い、その実行を迫った。

　なかでもブルームフィールド、ジェンセンらによる対韓「金融制度改革勧告」（通称「ブルームフィールド勧告」）は、その導入から挫折までの曲折を通

第4章　米国による対韓「制度移植」の矛盾とリスク

して、その後の韓国経済の特質とその発展のあり方に多大な影響を残すところとなった。

　本章の目的は、韓国に対するこの「金融制度改革勧告」案の起草から挫折に至る経緯をたどり直し、米国から他国への「制度移植」（市場主義原理に基づく）に内包される歴史的限界性の一端を明らかにするところにある。

　注目すべきは、1950年2月から60年8月にかけて発表された全5編からなるこの「ブルームフィールド勧告」（5大レポート）が、時間の経過とともに各編の主張の根幹をなす核心部分を大きく変化させていったことである。そのうえ、この一連の対韓勧告は所期の目的を果たすことなく「挫折」への道を余儀なくされたことである。最初の「勧告」から最終の「勧告」に至るまでのおよそ10年6ヶ月のあいだに、韓国は朝鮮戦争の勃発という大きな歴史的変化に見舞われた。これが「挫折」の大きな要因となったことは間違いない。

　しかし、より本質的には、米国側による対韓「制度移植」の試みの失敗には次のような二つの事情が大きく作用していた。

　一つは、相互に矛盾した「経済改革シナリオ」が米国側自身により強要され続けたことである。それは、一方で「援助経済」体制を継続しつつ、他方で「引締め的安定」策による「自立的市場化」を要求するといった政策に現れた（1950年3月の「経済安定15原則」、52年5月の「韓米経済調整協定」〔マイヤー協定〕、同年12月の「ネイサン報告書」に基づく「5ヶ年計画」、53年6月の「タスカ報告書」に基づく「3ヶ年・総合経済計画」、同年12月の「韓米合同経済委員会協約」〔白・ウッド協約〕など）。もう一つは、社会的慣行、経済的風土など、「制度移植」そのものに対する阻害要因として常に立ちはだかる被移植国固有の事情である。

　本章では、米国による対韓「制度移植」の試みが韓国の国民経済、とくに同国の「金融制度改革」に多大な影響を与えながら、幾多の試行錯誤のすえ、ついには挫折に至った歴史的経緯を検証することで、「制度移植」それ自体に内包された矛盾、リスクとはそもそも一体いかなるものなのか、考察を深めてみたい。

╋第2節　解放直後の「制度移植」策の失敗

◆2－1　「金融制度改革」の二重性

　ブルームフィールド、ジェンセンらの「金融制度改革」に関する対韓勧告は、米国型金融の「理念と制度」の韓国への「移植」、それを可能とするための「制度の現地化」に主眼が置かれていた。彼らによる「金融制度改革勧告」案を詳細に分析することにより、米国が目指した「制度移植」が当時の韓国経済にどのような影響を与え、かつ同国経済をどのような構造に導いたのか、その全体像の大枠を明らかにすることができると考えられる。

　1945年9月8日から48年8月14日までの米軍政時代、韓国は厳しい財政危機に陥っていた。中国やソ連との軍事的対立という観点からみると、米国にとって東アジアの最前線に位置する韓国は「反共の砦」と位置づけられており、この国における財政事情の悪化の克服は米国にとっても見過ごすことのできない重大な懸案事項となっていた。韓国を深刻な財政危機に陥らせた要因としては、第一に、1945年まで35年ものあいだ続けられた日本の植民地支配によって、すでに当時の韓国はあらゆる損害（政治的・経済的・文化的）を被っていたこと、第二に、植民地解放後まもなく米ソ間によって行われた朝鮮半島の分割統治が国内の政治社会に大混乱を引き起こし、治安維持や国防強化に伴う膨大な軍事支出をもたらしたこと、第三に、こうした情勢下、韓国の政治的不安定性、すなわち未熟で非効率的な政府予算が、国家財政の悪化を加速させたこと、などが挙げられる。後述するように、加速する国家財政の悪化を放置できなくなった米軍政府は、以後、「引締め的安定」策の一環として均衡財政の維持を韓国側に強く要求していくこととなる。

　「金融制度改革」に従事したブルームフィールド、ジェンセンらも、こうした米国による「政策介入・指導」に従った。彼らは、一方で米国による「引締め的安定」策に呼応し、他方で米国型金融制度の象徴ともいうべき「中央銀行の政治的独立性」に固執した。まず彼らは、中央銀行借入がもたらすマネー・サプライの急激な増加に着目し、こう述べている（以下は *Recommendations Regarding Central Banking Reform in South Korea*〔通称「ブルームフィー

第4章 米国による対韓「制度移植」の矛盾とリスク

ルド勧告」1〕からの引用)。

「韓国は現在、重大なインフレ・スパイラルの渦中にある。このインフレ・スパイラルは、主として多額の財政赤字支出に誘発され、政府が銀行借入により資金調達し、銀行が政府機関などに過剰に信用供与を行ったために生じたものである[1]」。

そのうえで、金融引締め策のみで財政赤字の削減に対処することは不十分であるとし、次の一文を付け加えた。

「いくら強く力説してもし過ぎないことがある。それは、金融・信用規制によってだけでは財政的要因から誘発されたインフレを抑制することはできないということ、また、たとえ金融改革それ自体がいかに首尾よく受け入れられ、あるいは実行に移されようと、韓国にみる財政的苦境に対してそれが直ちに有効に機能し、今日の困難に終止符を打つ「妙薬」となり得るかどうかは極めて疑問であるということである[2]」。

彼らは政府による過剰な財政支出が中央銀行借入によって賄われていた事実を重くみた。そして改革の主眼は過剰かつ放漫な政府財政支出とそれを担保する通貨供給体制に向けられるべきだと判断し、金融および財政政策を通じた包括的な引締め策を成功させるには何よりも中央銀行の改革が必要であると説いた。この点について彼らは次のように書いている。

「われわれの改革の主要な目的は、現在の中央銀行［朝鮮銀行］をより純粋な中央銀行に転換することである。朝鮮銀行［後の韓国銀行］は長年にわたって債権銀行の特権を独占し、準備金を保有し、他の金融機関の再割引を行い、政府のための銀行・財務代理人として行為してきた。今日、世界の中央銀行が持つ基本的な役割として広く認められているのは、マネー・サプライと金利、信用を規制すること、通貨の安定を確保し管理すること、国内景気のインフレの動きとデフレの傾向を抑制することであるが、韓国の中央銀行はこの最も重要な責務を実行してこなかった[3]」。

彼らが金融・財政を通じた包括的な改革を求めていくことになったのはこのような背景に拠る。

対韓「引締め的安定」策をめぐる実際の動きを次にみていこう。

◆ 2—2　均衡財政と金融健全化

　建国後まもない韓国では経済的混乱のなか、対症療法的で無原則な経済運営が続き、特に李承晩政権による無際限な膨張財政が際立つようになっていた。同政権においては、すでに朝鮮戦争勃発に先立つ1949年、国家予算の歳入・歳出の均衡が著しく崩れ、破局的な財政危機に見舞われていた。第3章でもふれたように、同年度政府当初予算によれば、一般会計規模（総歳出額）573億圜に対して、税収を中心とする歳入規模は299億圜にとどまり、政府借入金は274億圜にものぼっていた。すなわち国の歳入額は歳出額のわずか半分余りにすぎなかった。

　深刻な財政危機を前にして米国政府は、1950年1月26日、韓国「金融・財政制度」の改革を急がせるため、政府部内に「韓国経済安定委員会」を設置した。軍事的戦略を含む韓米関係の全面的見直しを検討する機関である。これに先立つ48年9月11日、韓米両政府とのあいだでは「韓米財政および財産に関する協定」が締結されていた。「韓国経済安定委員会」はこの協定に基づき、それまで米軍統治下にあった韓国国内の物資や現金、それに政府・公共機関の人事や政府権限をすべて韓国政府に移管し、"その代償として両国は緊密な軍事的同盟関係を維持する"という方針のもとで動き出すこととなった。

　米経済協力局（ECA）使節団のスタッフと韓国政府要人のそれぞれ数名で構成された同委員会は、金融・財政を通じて韓国経済の安定化をより徹底させるため包括的な「引締め的安定」策に着手し、50年3月4日には「経済安定15原則」を発表するに至った。「15原則」の前文には、「深刻な経済的現実に焦点を当て、何よりもインフレの早期克服を政策の重点に据え、均衡財政と金融健全化の早期達成を目指さなければならない」と謳われた。

　では、この困難な課題はいかなる方策をもって可能と考えられたのか。「経済安定15原則」の具体策に立ち入って検証する。

■1　均衡財政の達成

　「経済安定15原則」を発表した韓国経済安定委員会は、まず行政機構の簡素化と経費節減から手をつけた。行政補助金や経常支出の抑制によって歳出額を徹底的に削減しようとする政策である。

第4章　米国による対韓「制度移植」の矛盾とリスク

　重要なのは、同原則の作成にあたって米国側は次のような認識を持っていたことである。すなわち、米国による巨額の対韓経済援助は韓国の国内産業の弱体化を誘引する恐れがあるということ、換言すれば、他国から支給される無償援助物資や財政支援というものは必ずしも自立的な産業育成にプラスの効果をもたらすとは限らず、むしろ国際競争力の観点からみれば、それに耐え得るだけの国内民間資本の育成を阻害する懸念すらあるということである。

　援助物資は当然ながら諸外国（主として米国）から移入され、しかもそのほとんどが無償に近い価格で韓国政府に供給される。政府はそれを市場に放出する。このため市場には低価格の援助物資が溢れる。したがって国内民間資本は容易に市場に食い込むことができない。韓国経済を支援するための援助が、逆に新事業への進出機会を民間資本から奪い、自立的な産業育成を阻外する、という構造の深化である。この矛盾の解決のために、韓国経済安定委員会は「経済安定15原則」のなかに次の項目を設けた。

　まず、援助物資の売却（無償交付と有償交付からなる）によって得る政府収入は「政府特別会計」に一括参入すること（第4原則）、次に、この収入を特定産業領域（振興対象に指定された産業領域）への低利融資や事業育成に振り向け、同時に、民間資本と競合する政府管理企業体には独立採算制に近い収支均衡の達成を厳しく要求すること（第5原則）。さらに、民間資本の競争力強化にとって阻害要因となる各種政府事業体や政府代行機関については整理・民営化すること。並びにそれらへの政府補助金は厳しく抑制すること（第11原則）。

　以上は国営事業の民営化というビッグバン・アプローチの原型といえる。

2　金融健全化の達成

　被援助国の財政基盤を強固なものとすべく、韓国経済安定委員会が求めた金融引締め策は当然ながら厳しい内容となった。（a）通貨発行高は年度ごとに上限枠を設定すること、（b）金融機関の民間貸出高についても同様の上限枠を設けること、（c）これらにより通貨発行高の増大を抑制し、「財政支出」と「融資」とのあいだに整合性を保つこと、の3点であ

る。すなわち、「財政」(各種補助金等)と政府系金融機関を含む「金融」(通貨発行高)との両面から膨張財政に歯止めをかけ、インフレ抑制に実効性を持たせようとする原則である。

　こうした厳格化は、1950年5月公布の「銀行法」に掲げる「貸出最高限度額の設定」(同法第5章「銀行業務に対する統制」第30条の3)を通じて次第に浸透していった。因みにこの「銀行法」には、相互補完的姉妹法として翌6月に施行された「韓国銀行法」(「新・中央銀行法」)と同一の体系、同一の立法精神に則って機能させなければならないとする金融規範が盛り込まれた。

◆2―3　「制度移植」策の混迷

　韓国経済安定委員会によるこうした金融制度の厳格化は、ブルームフィールド、ジェンセンらによる「制度移植」構想にも影響を及ぼすところとなった。前述のように、当時の韓国のマクロ経済事情は復興需要の高まりによりハイパー・インフレーションを高めたが、その対応策として最優先されたのが「経済安定15原則」による「引締め的安定」策である。これにより、「金融民主化」を掲げたブルームフィールドらの「制度移植」策は修正を余儀なくされていった。修正から再修正に至る三つの段階をたどってみよう。

■　「勧告」の修正――「中央銀行改革」構想の後退

　「経済安定15原則」が発表されて10日後の1950年3月14日、ブルームフィールドとジェンセンは *Recommendations Regarding Reform of Other South Korean Financial Institutions*（通称「ブルームフィールド勧告」2）を発表した。同勧告において彼らは次のように述べている。

　「前回の勧告書に記載した中央銀行改革案もその一つであるが、われわれは困難な状況を認識しつつも、金融再建にいくつかの魔法の治癒力があると考えていた。しかしそれは事実の重大な誤認であった。前回の勧告案は現在の韓国金融システムの基本構造改革にとって必要であるどころか、むしろ、深刻なインフレの加速に繋がる恐れがある。韓国の金融機関の徹底的な構造再編は、少なくとも全体的な金融・財政状況が堅実な軌道に乗

第4章　米国による対韓「制度移植」の矛盾とリスク

るまで延期しなければならない[4)]」。

　「前回の勧告書」を修正し、「引締め的安定」策を優先させるという主旨である。すなわち彼らは、「経済安定15原則」に従い、これに足並みを揃えようとした。

　これは、韓国経済安定委員会の唱える「引締め的安定」論がブルームフィールドらの「中央銀行改革」構想（「引締め的安定」論を受け入れつつも、中央銀行の政治的独立性を最優先しようとする構想）を圧倒し始めたことを意味していた。被援助国・韓国の財政・金融改革をめぐって、ここに二つの対立的「政策介入」（「引き締め的安定」論と「中央銀行改革」構想）が、相互の整合性を保つことなく、韓国政府に強権的に突きつけられていたことが浮き彫りとなる。

2　朝鮮戦争—米外交政策の変化

　その3ヶ月後の1950年6月、韓国は「朝鮮戦争」という国家的・社会的危機に見舞われる。未曾有の騒乱とその結果もたらされる政治経済的混乱が政権と国民を襲った。危機からその克服への過程において、李承晩政権はいかにして専横的覇権政治を確立していったのであろうか。また、米国による「政策介入・誘導」はこれによってどのように変質していったのであろうか。

　戦争勃発による戦費調達のため、李承晩政権は1950年度予算において前後6回に及ぶ補正予算を編成した。歳出追加額は合計587億圜（エン）、うち「軍事費」は554億圜、すなわち軍事費は歳出追加額全体の95％まで占めていた。1951年から53年にかけて、こうした形で投じられた軍事費は年々300％（前年度比）という巨大な趨勢的増加を記録し続けた。軍事費負担の急膨張は、すでにそれ以前から疲弊していた国家財政を破局的な性格へと変えていった。

　加えて李承晩政権は、一般会計の枠外に「事変特別会計」を設けるなど国家予算制度そのものにも手をつけた。李大統領の予算専決権が拡大されたことで、歳出の膨張、財政赤字の拡大、戦時インフレーションの進行はいっそう深刻さを増していった。そして国内経済の疲弊は対米「援助」の

115

拡大要請を正当化する材料にもなった。しかし、かねてから韓国に「引締め策的」安定を求めてきた米国としては、たとえ戦時下であろうともこうした李政権の政策には危機感を深めざるを得ず、事態収拾を目指してさらなる引締め策の徹底を迫った。

米国はまず1952年5月に米大統領特使クラレンス・マイヤー（Clarence E. Mayer）を韓国に送り、「大韓民国と国連統一司令官の経済調整に関する協定」（「韓米経済調整協定」、通称「マイヤー協定」）を締結させた。同時に、新たな機関として「韓米合同経済委員会」を設置した。同委員会は、韓国の経済政策全般にわたる事実上の最高政策決定機関として設置されたもので、休戦協定の調印（53年7月27日）に先立ち、休戦後の韓国経済復興の処方箋を描くというミッションを持っていた。具体的には、望ましい休戦後復興や韓米協定のあり方、そして韓国政府が遵守すべき経済政策の枠組みなどが議論された。

米国による対韓政策の方向性をさらに強く印象づけたのが「特別経済使節団」（タスカ調査団）の訪韓である。同使節団はヘンリー・タスカ（Henry J. Tasca）を団長として1953年4月に米国で結成されたもので、団長のタスカは韓米合同経済委員会の米国側代表も務めていた。2ヶ月に及ぶ韓国経済実態調査をもとに、同使節団はアイゼンハワー（Dwight D. Eisenhower）大統領に次のような主張の報告書（「タスカ報告書」）を「3ヶ年・総合経済計画」（54–56年）とともに提出した。

「韓国・李承晩政権の援助提供要求に安易に応じてはならない。援助よりも同国の経済的自立を優先して達成すべきこと。そのためにも"経済的自立"とは、李承晩政権の意図する専横的経済支配を伴うものであってはならず、何よりも市場主義、民主的経済秩序を基礎とするものでなければならない[5]」。

「タスカ報告書」にいう「民主的経済秩序を基礎とする」政策は、1953年8月、韓米合同経済委員会の米国側代表がタスカからテイラー・ウッド（C. Tayler Wood）に引き継がれた際にも再確認された（同年12月、韓米合同経済委員会協約〔白・ウッド協約〕として明文化）。それは①緊縮財政へのすみやかな移行、②膨張財政の停止、③インフレーションの徹底抑

制、④単一為替レートの早期設定と維持、すなわち、一層の「引締め的安定」を目指す政策である（本書69－70頁参照）。

3 「勧告」の再修正──財政膨張策の容認

こうした米国による「引締め的安定」策の維持は、引締め的「金融民主化」を求めようとしたブルームフィールドらの「勧告」内容にも影響を及ぼすところとなった。動乱の最中、1952年3月に発表された*Report and Recommendations on Banking in South Korea*（通称「ブルームフィールド勧告」3）には、次のように記されている。

「本勧告書は戦争中の韓国における大混乱期に書かれている。[中略]過去9ヶ月の荒れ狂うインフレ期に、韓国銀行は市中銀行による民間への借り手向け融資の急増額を認め、さらには多額の再割引と貸付金でこれを支援することでインフレ率を暴騰させた。今後も融資計画は一段と積極的になるものと思われる。このような融資増加は韓国銀行法に定められた条項に反するものである。もし同法によって付与された広範な信用統制の権限を韓国銀行が積極的に行使していたなら回避できたはずの事態である。多くの場合こうした巨額融資への需要は強力な政治的圧力によって支えられているため、もはやインフレ抑制への努力は潰えたといえる。来年はこの種のさらなる巨額融資が計画されている[6]」。

ブルームフィールドがここで挙げる「来年の融資計画」とは、李承晩政権による朝鮮戦争休戦後の復興事業計画を指している。因みに、李政権下、1953年度当初予算（一般会計）は248億ホワン、総予算純計は1386億ホワンを示した。そして同年度歳出予算733億ホワンのうち78.7％に相当する577億ホワンが戦乱収捨費に充てられた。このため同政権は、経済復興資金として新たに4億3000万ドル（258億ホワン）の追加援助を国連韓國再建團（UNKRA）に対して要求した（最終的には2億5400万ドル＝約152億ホワンで決着）。53年度の韓国の財政赤字は492億ホワン（国債を除く）、すなわち同年度歳入総額841億ホワンの58.5％に達しており、当初予算規模（一般会計規模）の2倍近くも示していたのである。

李承晩政権は朝鮮戦争の前後を通じて米国主導の政策形成を牽制し続け

た。一方では米国による巨額援助を利用し、他方では米国の意思に左右されない自立型経済の確立を志向し続けた。こうした二重政策は李政権にとって自らの政権基盤を強化する道に通じていた。

　米国にとっても韓国の政権の安定化とその上に立つ軍事力の強化は対北朝鮮および対共産圏戦略にとっての最重要課題であった。このため米国は、援助経済に支えられた李承晩政権の覇権確立を全面的に抑止することは望ましくないと考えた。

　こうした状況下で提出された「タスカ報告書」のもとで、「ブルームフィールド勧告」もまたこれに呼応する形で変容をとげていった。

　このように、米国による「引締め的安定」策は朝鮮戦争休戦後の復興過程において少なからぬ「矛盾」を内包するところとなった。では、こうした矛盾はその後どのような展開をたどったのであろうか。

⇝第3節　戦後復興期の「制度移植」策の失敗

◆3—1　「韓国産業銀行法」

　朝鮮戦争休戦後の復興過程は、李承晩政権下での膨張財政をより進行させ、米国の対韓「政策介入・誘導」に変化をもたらした。

　前述の「韓米合同経済委員会協約」（白・ウッド協約）に続いて、1954年2月にはロバート・R・ネイサン協会会長のネイサン（Robert R. Nathan）が、52年12月策定の「ネイサン報告書」に基づく「5ヶ年計画」（53–57年）を「国連韓國再建團」（UNKRA）団長のジョン・ゴルダー（John B. Golder）に提出した。この「5ヶ年計画」はUNKRAによる「韓国経済再建計画」として実施され、以後90年代まで続く数々の政府主導型「総合開発事業計画」（UNKRAが韓国政府に政策主体を委ねた対韓復興政策）の出発点となった。

　「ネイサン報告書」の内容は以下に示すように、韓国に対する新たな「政策介入・誘導」を意味するものであった。

　（1）経済の真の安定をはかるには何よりも「総合開発事業計画」の立案・策定が必要であり、急場しのぎの短期的対応策の積み重ねによっては韓国

第4章　米国による対韓「制度移植」の矛盾とリスク

経済の再生は不可能である。政府主導による長期的な「総合開発事業計画」の実行があって初めて西側同盟国の信任も得られる（本書70頁参照）。
（2）現在の韓国経済の危機的状況を回避するためには韓国型企業経営を抜本的に改め、自己資本中心経営へと比重を移す必要がある。そのためには戦後復興を軌道に載せ、資本市場の整備をはかる必要がある。「総合開発事業計画」はそうした目的のもとで行われなければならない。
（3）復興から成長へと向かい、経済規模が拡大すれば、制度が複雑化することは避けられない。すべてを民間企業に任せるのではなく、政府もまた生産、消費、投資の全分野において秩序ある均衡発展を目指す必要がある。

「ネイサン報告書」の「5ヶ年計画」は、政府主導型「総合開発事業計画」という「自立経済」達成事業の開始を宣言するものであった。しかし皮肉なことに、この対韓「政策介入・誘導」の変化は李承晩政権に新たな金融支配を許す好機となった。

李承晩政権がまず取り組んだのは「政府系金融機関の強化」である。それは第2章でふれたように、中央銀行の強化（資金力と金融支配力の強化）とともに、もう一つの政府系金融機関主導型の金融体制を確立すること、すなわち「韓国産業銀行」の設立を意味した。「総合開発事業計画」を広範に主導する新たな政府系金融機関を設立することで、復興において重要な役割を持つ民間企業向け資金を潤沢に供給し、かつそうした金融の流れを通じ、政府が一般企業を含む産業界全体を管理・監督するという構想である。

1953年12月30日、李承晩政権は「韓国産業銀行法」を公布、制定した。同法の特徴は次の5点にまとめることができる。
（1）韓国産業銀行の経営形態は政府による単独出資（第4条）の「公法人」（第2条）とする。同行は政府監督のもとに置かれ、同行による融資関連の決定事項はすべて政府の事前承認を必要とする。政府財務部は融資先、融資額、その他の経営に関与し（第12条）、大統領に月例報告書を提出するとともに（第49条）、融資先企業が計画通り投資を行わなかった場合には罰則を課す権限を持つ（第54条）。
（2）韓国産業銀行は国策上の金融機関（国営銀行）として指定される。主

たる役割は復興に向けての「長期金融」とする（第1条）。同行は、政府指定の公共事業や重要産業に融資するため、債券の発行、社債の応募引き受けを行う。また、担保付社債信託に関する業務や、政府命令・政府委任による業務代行も行う（第18条）。

（3）以下の業務・権限はすべて韓国産業銀行に付託する。政府保有資金・預金の受け入れ業務（第18条　第5号）、政府特別基金による長期金融（1年以上のもの）の発行業務（第19条）、復興融資の原資調達用として産業金融債券を発行する権限（第25条）、公課金を免除する権限（第51条）、罰則を適用する権限（第54条）。

（4）その他、韓国産業銀行による融資の損失は、融資先企業の資金運用上で発生したものであれ、政府が保障する（第44条）。

（5）民間金融機関は韓国産業銀行と類似の名称を使用してはならない（第7条）。

1954年4月3日、「韓国産業銀行法」は施行された。これにより「韓国産業銀行」は企業向け融資を潤沢に行い、産業界に重要な地歩を占めることとなった（図17に示すように、「韓国産業銀行」の設備資金貸出は李承晩政権末期か

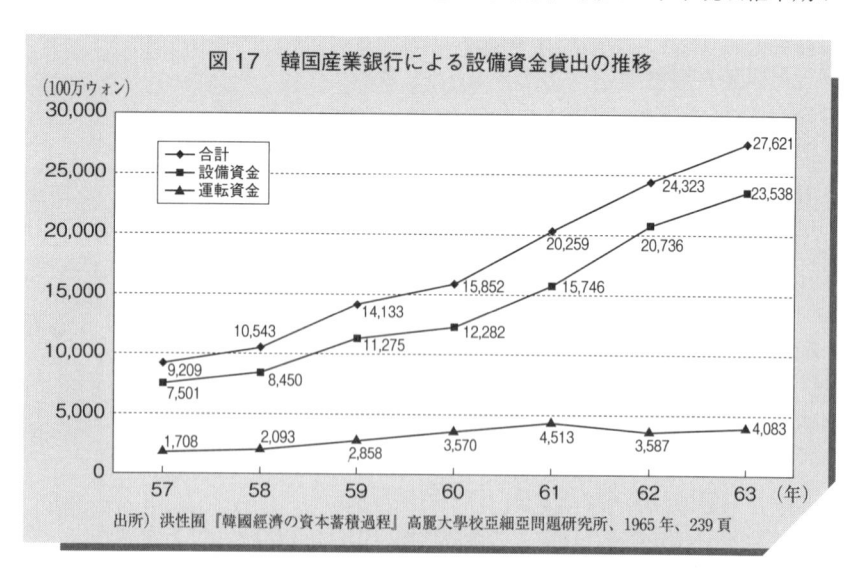

図17　韓国産業銀行による設備資金貸出の推移

(100万ウォン)

年	合計	設備資金	運転資金
57	9,209	7,501	1,708
58	10,543	8,450	2,093
59	14,133	11,275	2,858
60	15,852	12,282	3,570
61	20,259	15,746	4,513
62	24,323	20,736	3,587
63	27,621	23,538	4,083

出所）洪性囿『韓國經濟の資本蓄積過程』高麗大學校亞細亞問題研究所、1965年、239頁

第4章　米国による対韓「制度移植」の矛盾とリスク

ら一貫して増加傾向をたどった）。

　すでに明らかなように、「韓国産業銀行法」および「韓国産業銀行」の本質は、ブルームフィールドらの建議した「金融民主化」構想、すなわち中央銀行の政治的独立性の維持、政府権限の過度なる集中の排除、長短両金融の分離、分野調整などとは大きく掛け離れたものであった。

◆ 3 ― 2　援助輸入に支えられた自立的復興政策

　「引締め的安定」をはかるために具体化・総合化された「総合開発事業計画」は、当初の意図に反して「韓国産業銀行」を肥大化させる結果を生んだ。これがブルームフィールドらの対韓「制度移植」のあり方に三たび変化を生じさせるところとなった（「韓国産業銀行」の容認）。経緯は次の通りである。

　米国の対韓復興政策は主に多額の経済援助を基本として実行されてきた。その結果、1954年から58年までの対韓経済援助は5年間で14億ドルを記録し、60年の韓国の輸出総額（3280万ドル）の実に40倍を超える巨額なものとなった。この米国による巨額援助が当の米国に「国際収支の危機」をもたらすところとなり、米国国内では50年代後半から対外援助の全般的な見直しの動きが高まっていた。自国政府が行う対外援助政策は一貫性と長期計画性に欠け、被援助国においては新たな経済的混乱を、そして米国国内においては慢性的な国際収支の悪化を招いている、といった批判が急速に国内世論となって現れ出したのである。

　批判はとくに海外への「無償援助」に集中的に向けられた。米国の輸出産業全体における翳りもそうした批判を作り出す背景要因となった。1956年8月、これらの問題の調査にあたってきた「ブロクノウ委員会」は国家安全保障会議に最終報告書を提出し、今後の対外援助計画について全般的な見直しを提言することとなった。韓国への援助も当然見直しの対象となった。以後、対韓経済援助は1957年の3億7400万ドルをピークに減少の一途をたどっていった（1964年は1億2800万ドル）。

　一方、「援助経済」は被援助国政府の援助活用においてもさまざまな問題を露呈させることとなった。韓国では「援助の私物化」といわれる政府の腐敗が「自前の産業」の育成を阻害し、「援助の永続化」が政権や国民経済を成り立

たせる前提条件とまでなりつつあった。1957年の韓国の「輸入総額」に占める「援助輸入額」の割合は85％近くにも達していた。輸入物資の大半が援助によって支えられていたことになる。また、輸出力は育たず、50年代後半における輸出高は輸入高のわずか5％前後に過ぎなかった（**図18**が示すように、50年代の韓国の貿易収支は著しい赤字を記録していた）。

極端な援助輸入がもたらす国際収支の大幅赤字に加え、1960年4月には李承晩政権への不正告発運動を発端とする国民的蜂起（「4・19学生革命」）が起こった。これにより12年近くにわたる李政権時代はついにその幕を閉じることとなった。

李承晩政権崩壊の背景には、同政権による専横的な政治運営、そのもとでの腐敗の進行、それに対する国民の反発があった。また、1950年代末の米国による対外援助計画の軌道修正によって、それまで急膨張していた対韓経済援助が大幅に削減され、国民経済が窮迫化するという事情もあった（もっとも、この軌道修正については米国自身が援助政策の全般的見直しに迫られていた事情もあるが、それ以上に、米国の数々の政策要求を無視し続けてきた李政権に対する警戒心の現れだったとする見方が強い）。

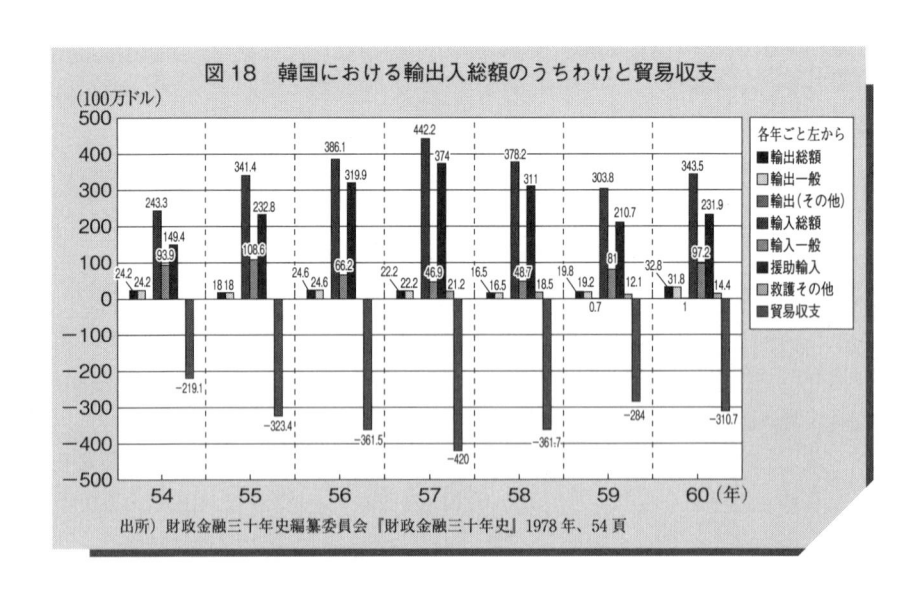

図18　韓国における輸出入総額のうちわけと貿易収支

出所）財政金融三十年史編纂委員会『財政金融三十年史』1978年、54頁

第4章　米国による対韓「制度移植」の矛盾とリスク

　1960年8月、張 勉(チャンミョン)を国務総理とする政権が誕生すると、同政権はさっそく「経済第一主義」(「新経済開発5ヶ年計画」)を掲げ、国際収支赤字の改善策として、輸出産業育成のための租税減免措置、輸出市場の開拓、貿易に関する保障制度の確立、経済外交の強化などを打ち出していった。そして、輸出振興と軍納税促進を担当する商工部内に輸出振興局および軍納税課を設けるとともに、国際収支赤字の改善策として無形輸出品(サービス取引など自国通関を通らず、貿易統計には計上されない輸出貨物)と観光産業を重点強化するようになっていった。

　同時に、肥料、油類、原綿、化学繊維など「輸入代替産業」の育成も、政権交代の過渡期のなかで引き継がれていくこととなった。国内経済に対するこの政府介入の継続こそ、政府系長期金融機関「韓国産業銀行」のさらなる強化に繋がるものであった。米国型の「制度と理念」の定着を目指したブルームフィールドらによる「金融民主化」「金融制度改革」構想は、ここに決定的な挫折を迎えることとなる。

◆ 3―3　「勧告書」における三たびの修正

　「経済第一主義」が唱導された1960年8月、ブルームフィールドは最後の勧告書 *Report and Recommendations on the korean Reconstruction Bank*(通称「ブルームフィールド勧告」5)を発表した。同勧告書において彼は「韓国産業銀行」に対する方針を大きく転換させた。

　前回の勧告書である56年11月発表の *A Report on Monetary Policy and banking in Korea*(通称「ブルームフィールド勧告」4)では、「韓国産業銀行が「金融通貨委員会」の権限外に置かれたことには強い不安を抱かざるを得ない」「韓国産業銀行と「金融通貨委員会」とのあいだには相互に意見調整をはかるための規定が必要である」「韓国産業銀行の最大の過誤は政府の支配下・監督下に同行を置いたことである」と彼は述べていた[7]。

　このブルームフィールドの発言は、米国国内に定着している長期金融制度の基本的形態を念頭に置いたものである。米国の場合、政府財務省の当座預金や長期金融に必要な政府資金(国庫)は連邦準備制度理事会(FRB)のもとで機能する連邦準備銀行が管理している。米国では長期金融に対してFRBが強い

影響力を保持しているのが特徴である。韓国版FRB構想について彼は「勧告4」で次のように述べていた。

「韓国銀行、そして同行による政策または業務を、国民経済における広範な業績を代表する7名からなる「金融通貨委員会」の支配下に置く。このことにより、中央銀行は政治的指令、干渉、圧力にとらわれず、金融政策の策定、実行に当たることができる。これこそ米国のFRBの基礎となる原則である[8]」。

ここでは、自ら構想した韓国「金融通貨委員会」が米国のFRBを規範として機能すべきことが強調されている。

しかし、今回の「勧告5」における「韓国産業銀行」に関する言及のなかでは、こうしたこれまでの姿勢が翻されることとなる。

「韓国産業銀行が政府によって所有され続けることは、現在の状況では避け得ない。韓国産業銀行を政府の介入と圧力から完全に自由にすることは、現状では極めて困難となった[9]」。

彼はさらにこう続けている。

「韓国産業銀行をよりいっそう安定した財政基盤の上に置き、なおかつ十分な資金流動性を同行に与えるためには、同行の資本を現在のような低水準のものから大幅に高めることが求められる。確かに現在の困窮した予算を考えると、政府が同行の資本強化のために新たな資金供給を行うことは難しい。しかし、同行に対する政府の貸付債権の一部を同行の資本勘定に移すといった単純な簿記上の操作を行うならば、この目的は達成可能なのである[10]」。

この発言から、ブルームフィールドが「韓国産業銀行」を政府の資金援助のもとで建て直そうとしていること、つまりこれまでの構想に対して方針転換を行っていることがわかる。ただし同時に彼は、「韓国産業銀行」に「経営会議」を設けることでその弊害を極小化しようと苦肉の提案も行っている。

「政府財務部長官のもと、韓国産業銀行内には「経営会議」を設けるべきである。より具体的にいえば、韓国産業銀行および韓国銀行の各総裁と、現行手続きに従って政府財務部が選任する委員、それに取締役を加えたメンバーからなる経営会議である[11]」。

しかし、ここで彼が提唱する「経営会議」とは、他ならぬ政府財務部長官によって運営される組織である。これをもって「韓国産業銀行」があらゆる政治

第4章 米国による対韓「制度移植」の矛盾とリスク

勢力から独立した機関であるとみなすことは難しい。

「タスカ報告書」に基づく「引締め的安定」策を受け入れる形で修正をはかったブルームフィールドらの「金融民主化」「金融制度改革」構想は、三たびの修正のすえ、ついには政府系「韓国産業銀行」を主軸とする恣意的な金融構造を容認することとなった。韓国経済の「安定」をはかるための対韓「制度移植」の試みは、ブルームフィールドらが本来望まなかった「韓国産業銀行」の設置、強大化という皮肉な結果をもって挫折したといえる。

第4節　まとめ

本章では、1950年代の韓国で米国により展開された「引締め的安定」策が被援助国・韓国の国民経済、なかでも「金融制度改革」にどのような影響を残す結果となったのか、その経緯を考察してきた。

米国による1950年代の対韓援助は、援助国・米国内部に対しても私的（企業的）な利益追求機会を与えた（資本輸出を通じて個別企業に超過利潤の獲得機会を与えるなど）。当時の対韓援助は援助国側の経済にも特有の歪みをもたらした。先進国、途上国双方が抱えるこうした「負の累積効果」の歴史を軽視することはできない。

「制度移植」下の韓国経済に固有の流れは次のようにまとめることができる。

（1）米国の対韓経済援助は、政治的な「政策介入・誘導」を伴う金融の「引締め的安定」策を主体に開始された。

（2）しかし、朝鮮戦争復興事業として開始された政府主導型「総合開発事業計画」は、逆に極端な膨張財政をもたらし、改革の主眼とされた「均衡財政の実現と維持」および「金融健全化の達成」をともに実現不可能なものとしていった。これによりブルームフィールドらの引締め的「金融制度改革」「金融民主化」構想も挫折に追い込まれていった。

（3）それはまた、政府系「韓国産業銀行」を利用して国内覇権を掌握した李承晩政権を長期化させ、同政権下における政財界癒着の経済運営を常態化させることとなった。このことは、「総合開発事業計画」への融資を主目的とする「韓国産業銀行」の肥大化によって典型的に示された。

（4）結果、米国による「政策介入・誘導」は「引締め的安定」とは逆に民間企業の資本蓄積を加速させ、これを利用する韓国独裁政権の政治的・経済的基盤をさらに強固なものとしていった。

　一般に一国の諸制度モデルを他国の経済社会に定着させようとする「制度移植」の試みは、両国それぞれの文化・歴史的背景や社会体制の違いなどにより、これを受け入れる側の親和性も異なってくる。また、自律的に受け入れた「制度移植」と他律的に受け入れたそれとでは、被移植国社会における作用・反作用の仕方も大きく異なってくる。そもそも、一国の「制度」とは金融・教育・医療・福祉をはじめ、人間の生命・生存・生活を保障するための基本的枠組みとして設計されるべきものであり、それは外圧による「移植」ではなく、各国固有の政治的、経済的、社会文化的諸要因との繋がりや対等な対外関係のなかで創造をくり返し、時間を経ながら進化させていくものであろう。

　米国による対韓「制度移植」は親和性を欠いた他律的なものであった。韓国に導入された米国型金融諸制度は、個人主義的伝統に支えられた「アングロサクソン型市場原理」を性急に移し植えようとした点で、当時の韓国では極めて異質なものとなった。

　建国まもない当時の韓国では、政府による恣意的な財政・金融政策によってハイパー・インフレーションが慢性化していた。また、勃興しつつあった民族資本の資金調達は、「直接金融」を可能にする株式市場そのものが未成立であったため、銀行を通じての「間接金融」が主体であった。韓国金融においてこうした制度的特徴が生み出された背景には、35年に及ぶ日本の植民地支配から漸く解放されて日が浅く、その後ほぼ3年にわたる米軍政下時代を経て、いまだマネタリー・ディシプリン（金融節度）の確立をみる社会的要件が整っていなかったという事情がある。そうしたなかで、マネタリー・ディシプリン成立以前に自然発生的にできあがった恣意的、特権的な資金調達方式が、企業と特定金融機関との「人的癒着」を介して常態化し、結果としてマネタリー・ディシプリンに馴染むことのない経済社会を作り出していたといえる。

　一方、「制度移植」に対する摩擦、反発は、李承晩政権のみならず財界においても根強いものがあった。他律的な「制度移植」に対する反発が深まると、

第4章 米国による対韓「制度移植」の矛盾とリスク

FRBをモデルとした「金融通貨委員会」への拒絶感も高まった。李政権はこの政財界一体の意思を利用し、「ブルームフィールド勧告」を歪曲する形で「韓国産業銀行」の創設へと向かった。そしてこれによって「政府帰属（銀行）株」の特権的払下げも実行されることとなった。

「金融民主化」を前提とした「引締め的安定」を求めながら、結果として独裁政権による膨脹主義を加速させたという逆説のなかに、経済強国の「制度移植」がもたらす最大の矛盾、リスクを読みとることができる。

1) Bloomfield, Arthur I. and John P. Jensen, *Chapter I, Recommendations Regarding Central Banking Reform in South Korea*, February 3, 1950 (Arthur I. Bloomfield and John P. Jensen, *Reports and Recommendations on Monetary Policy and Banking in Korea*, Reprinted by Research Department, Bank of Korea, 1965) p. 3.
2) *Ibid.*, p 3.
3) *Ibid.*, p 4.
4) Bloomfield, Arthur I. and John P. Jensen, *Chapter II, Recommendations Regarding Reform of Other South Korean Financial Institutions*, March 14, 1950 (Arthur I. Bloomfield and John P. Jensen, *Reports and Recommendations on Monetary Policy and Banking in Korea*, Reprinted by Research Department, Bank of Korea, 1965) pp. 41–42.
5) Tasca, Henry J., "Special Representative of The President for Korean Economic Affairs : Relief and Recommendations", *in* the Report to the President, 1953.
6) Bloomfield, Arthur I., *Chapter III, Report and Recommendations on Banking in South Korea*, March, 1952 (Arthur I. Bloomfield and John P. Jensen, *Reports and Recommendations on Monetary Policy and Banking in Korea*, Reprinted by Research Department, Bank of Korea, 1965) pp. 55–56.
7) Bloomfield, Arthur I., *Chapter IV, A Report on Monetary Policy and Banking in Korea*, November 30, 1956 (Arthur I. Bloomfield and John P. Jensen, *Reports and Recommendations on Monetary Policy and Banking in Korea*, Reprinted by Research Department, Bank of Korea, 1965) pp. 121–122.
8) *Ibid.*, p. 131.
9) Bloomfield, Arthur I., *Chapter V, Report and Recommendations on the Korean Reconstruction Bank*, August 26, 1960 (Arthur I. Bloomfield and John P. Jensen, *Reports and Recommendations on Monetary Policy and Banking in Korea*, Reprinted by Research Department, Bank of Korea, 1965) p. 158.
10) *Ibid.*, p. 159.
11) *Ibid.*, p. 157.

第5章　1960年代韓国にみる政策的連続性

矛盾をはらんだ「韓国モデル」

✦第1節　はじめに

　1960年代、朴正熙（パクチョンヒ）政権（1962-79年）下の韓国は世界にも稀有な高度経済成長をなしとげた。それは一般に「漢江の奇跡」と称され、開発経済学の領域においても「韓国モデル」として特筆されている。

　1960年代の韓国に高度経済成長をもたらした成功要因としては、これまで次の三つの諸政策が指摘されてきた。第一に、国家再建最高会議（61年「5・16軍事クーデター」により実権を握った朴正熙少将率いる最高権力機関）が作成した「総合経済再建企画委員会案」（同年7月）に基づく朝鮮戦争休戦後の復興政策（62-66年の「第1次経済開発5ヶ年計画」等）、第二に、朴新政権が打ち出した対外開放を主軸とする「貿易・資本の自由化」政策、第三に、それに呼応して導入された「国内市場の自由化」政策である。

　こうした評価はいずれも、"強大な力を持った指導者"朴正熙の政権下で実行された「市場開放政策」がその後の韓国を高度経済成長に導いたとする点で一致している。それはまた、ひとり開発経済学の領域にとどまらず、世界銀行、国際通貨基金（IMF）はじめ主要な国際機関においてもほぼ既知の歴史的解釈としてひろく認知されてきたところでもある。

　近年では通貨危機による緊急援助を必要とする国々に対し、米国主導の国際援助機関が援助と引き換えに「市場化」「国営企業の民営化」「外貨蓄積」などを要求するケースが多々みられるが、そうした手法を正当化する論理としても、60年代における韓国の成功は暗黙の先行事例として援用されている。

　この位置づけのもとでは、朴正熙政権の「以前」と「以後」は次のように截然と区分・対置される。

① 　朴正熙政権以前——国内保護・閉鎖的政策
　　　（高関税・輸入数量割当制、輸入代替工業化政策）
② 　朴正熙政権以後——市場開放政策
　　　（関税障壁・輸入数量割当制撤廃〔一部を除く〕、輸出志向型工業化政策＝すなわち国際競争力強化の手段として外貨獲得を目指す輸出促進策の展開）

第5章　1960年代韓国にみる政策的連続性

　しかし、そもそも朴正熙政権による市場開放政策の数々は、1950年代から展開されてきた政府主導型「総合開発事業計画」の一環として、すなわち米国による対韓経済政策の挫折の結果として位置づけられるものであったことを忘れてはならない。上記①から②への歴史的転換が朴正熙政権独自の開放政策によって可能となったとする既存の認識は、50年代の韓国経済社会の特質を詳細に分析するとき、軽視できない問題点をはらんでいる。

　朴正熙政権下での経済政策は「漢江の奇跡」をもたらしたと同時に、政府主導型「総合開発事業計画」に特有の諸矛盾をいっそう深化させ、ポスト朴政権の韓国に少なからぬ「負の遺産」（「財閥」の肥大化）を遺した。その意味で1960年代の韓国経済もまた、米国の対韓経済政策との相関性において歴史的再検証を加える必要性がある。

　本章は「韓国モデル」と称される1960年代の経済発展を可能にした歴史的要因に新たな視点から検証を加え、朴正熙政権の「以前」と「以後」は断絶ではなく、政治・経済政策における「歴史的連続性」によって繋がっていることを明らかにするものである。とりわけ、米国の対韓復興計画の一環として行われた「物質的・財政的援助」や「金融制度改革への政策介入」、およびそれらに呼応してとられた韓国の政府主導型金融政策の実態に迫ることで、60年代韓国にみる「政策的連続性」とそのもとでの「矛盾をはらんだ成長」を浮き彫りにしてみたい。

✤第2節　1960年代韓国経済発展の概要

　1961年5月、一部の韓国陸軍将校を中心勢力とするいわゆる「5・16軍事クーデター」が勃発し、これにより張　勉（チャンミョン）政権は崩壊した。張勉（国務総理）政権は60年4月の李承晩政権の崩壊（李政権への不正告発運動を発端とする「4・19学生革命」が引き金）を機に同年8月に成立したもので、わずか9ヶ月足らずの短期政権として知られる。

　張勉国務総理指名の直前には間接選挙方式で尹譜善（ユンボソン）が大統領に選任されていたが、張勉内閣総辞職とともに朴正熙は臨時政府「軍事革命委員会」を設置（1961年5月19日）、対米交渉はじめ国際的には尹大統領を前面に立たせなが

ら、自らは最高権力機関「国家再建最高会議」を成立させ、その議長に就いた。そして翌62年3月には尹大統領の辞任に伴い大統領権限代行に就任し、さらに63年10月に行われた大統領選挙では民主共和党党首として立候補し当選、同年12月に第5代韓国大統領に就任する。以後79年10月に暗殺されるまで、朴正熙による長期軍事独裁政権は18年にわたって継続することとなる。

朴正熙政権による経済政策は、一般に「圧縮された産業発展パターン」と形容されるように、重化学工業化への転換や対米貿易依存体質からの脱却を目標に掲げ、民族主義的自立経済を追求するものであった。

大統領就任に先立つこと2年余り前の1961年9月、朴正熙は大規模な政府主導型「総合開発事業計画」の一環として「第1次経済開発5ヶ年計画」（1962－66年）を成案した。そして同事業計画に伴う巨額の資金需要に対応するため、大がかりな金融制度の変更に手をつけ、新たな金融政策の立案・実行に向けて作業を開始した。その目的は、第一に、政府の手元に潤沢な資金を確保・調達すること、第二に、その資金を有力民間企業（財閥系企業）に集中的に振り向けていくことにあった。

いうまでもなく、朴正熙政権および開発プロジェクトに携わる民間企業にとっての最重要課題は、事業に要する巨額資金をいかに調達するかにあった。この重要かつ緊急の課題に応えるため、朴政権は「銀行法」と「韓国銀行法」からなる「金融関連二大法制」（いずれも1950年代の李承晩政権による金融制度改革の主軸をなしたもの）を抜本的に変更することとした。それは後述するように、米国主導で進められてきた50年代の対韓「金融制度改革」の政策思想（とりわけその中心をなす「中央銀行の中立性・独立性」）を骨抜きにする内容であった。これにより韓国の金融機関はその政策において政府による直接的支配をいっそう強く受けるようになる。

この「抜本的変更」の一つが1962年5月5日公布の「韓国銀行法改正法律」である。朴正熙政権による「韓国銀行法」改正の狙いは、何よりも中央銀行が持つ「政治的中立性・独立性」を根幹から奪い、その存在を有名無実化し、金融行政における主導権を確実なものとするところにあった。同政権が「金融制度改革」の名のもとで実行した政策概要は次の通りである。

（1）中央銀行（韓国銀行）の最高意思決定機関「金融通貨委員会」を「金

第5章 1960年代韓国にみる政策的連続性

融通貨運営委員会」の名に改称すること。
（２）「金融通貨運営委員会」における政府財務部長官の権限を強化すること。財務部長官は「金融通貨運営委員会」の議決事項に対して再検討ないし変更の要求ができること。財務部長官による再議が「金融通貨運営委員会」構成員の3分の2以上によって否決された場合、当該案件の最終決定は政府の「閣議」に委ねられること。
（３）韓国銀行は財務部長官による業務検査と会計検査院院長による会計検査を年に一回以上受けること。
（４）「金融通貨運営委員会」の人員は次のように構成されること（表の左は旧委員会（本書58頁参照））。

旧・金融通貨委員会（7名）		金融通貨運営委員会（9名）	
大蔵大臣［財務部長官］	1名	政府財務部長官	1名
中央銀行総裁［韓国銀行総裁］	1名	韓国銀行総裁	1名
農林大臣［農林部長官］、企画庁経済委員会による推薦候補	2名	政府農林部長官による推薦委員	2名
民間金融機関推薦候補	2名	政府商工部長官による推薦委員	2名
韓国商工会議所推薦候補	1名	政府経済企画院長による推薦委員	1名
		金融機関による推薦委員	2名

上掲の新旧対比からも明らかなように、韓国銀行の最高意思決定機関が「金融通貨委員会」から「金融通貨運営委員会」に改められたことで、政府の発言権はこれまで以上に増大した。また、行政府に属する財務部長官が同委員会の決議事項を覆せるようになったため、韓国銀行の財政運営と人事権は実質的に同長官の手に渡ることとなった。

韓国の金融制度は1950年6月12日施行された「韓国銀行法」以前の「旧態」に逆戻りした。この金融制度の改変こそ、朴正煕政権による「第1次経済開発5カ年計画」を推進する柱となったものである。

「第1次経済開発5ヶ年計画」は、韓国金融政策のあり方そのものに重大な質的変化をもたらしながら、歴史上にも稀れな大規模国家事業として展開されることとなった。その概要は次の通りである。

（1）総投資額3214億5000ウォン——同国GNPの1.3倍強に相当（1962年の名目GNPは2373億7000ウォン（後掲図21、22参照））。

（2）政府主導型「総合開発事業計画」の実施——①エネルギー供給体制の確立、②食糧確保、農漁業の振興、③社会基盤の整備、④技術開発の促進、⑤独自の中小企業育成、⑥輸出振興と外貨獲得の重視。

（3）具体的な事業展開——第一段階として「国土建設」、第二段階として「基幹産業」の育成、第三段階として住宅・教育・保健・衛生など国民生活に必要な「社会基盤」の整備。

この「5ヶ年計画」によって韓国は、資本・資源・技術者の不足など多くの制約にもかかわらず、初めて国土建設事業、基幹産業の育成、社会基盤の整備に着手することができた。以後、朴正熙政権のもとでは4次にわたる「経済開発5ヶ年計画」が国家事業として展開され、その成果は一般に「韓国モデル」といわれる高度経済成長の達成へと繋がっていった。

「第1次経済開発5ヶ年計画」における実績は次の通りである。

（1）GNP成長率は年平均8.5％に及び、当初達成計画の7.1％を大幅に上回った。

（2）計画最終年度（1966年）には、同成長率は13.4％（当初達成計画8.3％）、国民1人当たりGNPは130.8ドル（計画開始年度62年比で36.1％増）を記録した。

（3）経済の重化学工業化が進行し、全産業に占める同部門の比率は計画開始前（61年）の22.3％から計画最終年度には33.2％に拡大した。

（4）「輸出志向型工業化政策」の促進の結果、国際貿易は輸出を中心に活発化し、輸出額は計画基準年度（60年）の3280万ドルに対して計画最終年度には約7.8倍の2億5580万ドルを記録した（年平均換算で41.0％増）。

（5）輸出増を担った工業製品の全輸出品に占める比率は、計画開始前（61年）の22.0％から計画最終年度には62.4％に拡大した。

しかし、こうした急速な重化学工業化を下支えしたものこそ、「中央銀行の政治的中立性・独立性」の廃棄、すなわち政権の意思で資金調達を可能にしよ

うとする金融制度の組み替えであったのである。それは1950年代の李承晩時代からすでに試みられてきた一連の「総合開発事業計画」による「政策的連続性」を意味するものであった。

✈第3節　1950－60年代、その政策的連続性　Ⅰ

◆3－1　「金融制度改革」の導入

　ここで改めて「制度移植」挫折の過程を振り返り、1950－60年代韓国に「矛盾をはらんだ成長」をもたらした「政策的連続性」の核心に迫ってみよう。

　そもそも米国による対韓「金融制度改革」は、1949年6月、韓国財務部長官の要請により米国政府が連邦準備制度理事会（FRB）を通じて金融理論と実務の専門家（ブルームフィールドとジェンセン）を韓国に派遣したことに始まる。建国期韓国の金融制度を米国主導で抜本的に改革しようとするこの試みは、ほぼ10年にわたる長期計画をもって開始された。それは日本に対する「ドッジ・ライン」「シャウプ税制勧告」と同様、米国の対東アジア戦後世界戦略の一環として位置づけられた。日本や韓国の経済的安定は米国の安全保障上極めて重要であるとの認識から、両国への「勧告」は「金融引締め策」によってこれを実現しようとしたところに共通点があった。

　ブルームフィールドらの派遣は米経済協力局（ECA）の活動の一環として行われたことから、「ECAによる金融改革」と呼ばれた。ECAとは、第二次大戦後に米国が立案した欧州向け援助プラン（「マーシャル・プラン」〔欧州復興援助計画〕）の実施のために米国国務省内に設置された機関である。親米政権を維持させるべく、米国は同プランの対象国にECA援助と引き換えに「引締め的安定」策を要求した。

　同様に、東アジア・韓国に対しても、1948年9月締結の「韓米財政および財産に関する協定」、並びに同年12月調印の「大韓民国と米合衆国との援助協定」（韓米経済援助協定）によって「引締め的安定」策が求められた。ブルームフィールドらはこうした米国政府の意向に沿いつつ、米国型金融の「制度と理念」を「移植」すべく対韓「金融制度改革」「金融民主化」構想を練り上げていったわけである。

彼らが構想した改革の柱は、1950年2月成立の「韓国銀行法案」に沿って「新・中央銀行」（韓国銀行）を設立し、その内部に「政治的中立性・独立性」を維持した「金融通貨委員会」を設置するところにあった。同委員会は金融政策の最高意思決定機関として金融政策の立案と監督を行うものとされた。この構想で重要だったのは、同委員会の設置によって初めて中央銀行内部に民間の代表が委員に加わるとした点である。同委員会は大蔵省（政府財務部）、中央銀行、農林省（政府農林部）、ECA主導の企画庁経済委員会、民間銀行、一般経済界（商工会議所）と、ひろく「政府・行政・民間」の代表者から成る諸勢力によって構成され、推薦名簿は大統領に事後提出するものとされた。
　"金融政策は恣意的な政府権力の介入を排し、あくまで独立性を保って形成されるべし"。このFRBの理念に倣い「金融通貨委員会」の設置は構想された。しかし実際には政府介入の体質を色濃く残したまま発足された（第2章）。

◆3―2　「金融制度改革」の行き詰まり

　韓米両国要人による議論の末、「新・中央銀行」（韓国銀行）と「金融通貨委員会」は1950年6月12日に設立・発足された。すでにふれてきたように、この二つの機関の性格と権限をめぐる議論は当時の韓国「金融制度改革」における最大の焦点であった。
　解放前に日本政府・大蔵省によって運営されていた「朝鮮銀行」（旧・中央銀行）は、"中央銀行を頂点とする官僚支配的な金融構造体質"を持っていた。そのため、「民主主義的」な新しい金融体制を定着させる構想が米国主導のもとで練られ、それに基づき「韓国銀行法」と「銀行法」が公布された。この法的根拠のもとで作られたのが「新・中央銀行」としての「韓国銀行」である。
　しかし、同行とその内部機関「金融通貨委員会」は李承晩政権に有利な体制で運営されることとなり、しかも設立まもない1950年6月25日には朝鮮戦争が勃発した。これにより発足そうそうの「新・中央銀行」の「政治的中立性・独立性」はたちまち所期の理念から遠ざかり、同行は李政権による恣意的な操作のもとに置かれていった。そして「ブルームフィールド勧告」に沿って成立した「韓国銀行法」はその理念から遠く離れるところとなり、同法の諸規定は実際的拘束力を失っていった。

第 5 章　1960年代韓国にみる政策的連続性

　「不適格手形の再割引」の頻発、「支払準備制度」の逸脱、「公開市場操作」の不発動など、「新・中央銀行」への信頼は急速に後退した。しかし一方で、市中銀行はこうした不健全な中央銀行への依存度をむしろ高めていくこととなった。同国のマネタリー・ディシプリン（金融節度）は加速度的に低下し、恣意的融資などの不公正な運営を許していった。戦時下の異常事態のなかで形成された政財界の利害一致が、このような行動を招いたといえる。
　一方、李承晩政権はこの癒着関係を利用しつつ、新たな政府系金融機関「韓国産業銀行」の設立計画を急速に進めることとなった。

◆ 3 — 3　「韓国産業銀行」の設立へ

　米国主導の政策を牽制する李承晩政権は、米国の巨額援助を利用しつつ、米国の意思に左右されない自立型経済の確立を志向していた。巨額援助に負いながら、同時に国内経済の自主・自立性を目指そうとするその政策は、同政権の政治的基盤をより強固なものとしていった。朝鮮戦争収束後の対韓復興援助とそれを契機に開始された政府主導型「総合開発事業計画」は、李政権と癒着関係にある「特恵財閥」に巨利をもたらし、それが同政権への支持基盤を強化することに繋がった。
　「総合開発事業計画」の開始にあたり李承晩政権が最初に着手したのは、政府主導型の金融体制をより強化すべく、中央銀行（韓国銀行）の傘下に第2の政府系金融機関（韓国産業銀行）を新設する計画である。
　「韓国産業銀行」の目的は、国策（国民経済の安定と産業復興）を加速させる重要な担い手（財閥系企業）に潤沢な資金を供給し、政権の支配力（管理と誘導）を産業界全体に広げるところにあった。
　李承晩政権によって制定化が目指された「韓国産業銀行法」は、ブルームフィールド、ジェンセンらが建議した所期の「金融制度改革」構想を歪曲する特異な性格を持っていた。同法の制定に対してブルームフィールドは1952年発表の「勧告3」で次のような深い懸念を示していた。
　「この銀行［韓国産業銀行］はありうべき金融政策からみると、きわめて悪性かつ時期尚早なものといわねばならない。長期金融機関を立ち上げるにふさわしい時期がくるまで、また業界の有能な専門家から助言・支援を受けて韓国

産業銀行に関する法令が適切なものに書き直されるまで、この法令に関する議決は先送りすべきである。いま深刻なインフレ懸念が顕在化しつつあることを考慮すると、この法令とこれに類似する法令は当面、実施を見合わせるべきであり、その成立を強行することは、あまりにも思慮分別に欠けたものといわなければならない。この法令には数多くの重大な欠点があり、財政状況がはるかに安定しているときでさえ異論の出る余地が少なからず存在する[1]」。

そのうえで彼は、「韓国産業銀行」が実際に発足した場合を憂慮し次のように付け加えた。

「もし韓国産業銀行が政府系長期金融機関として実際に動き出したとするなら、その結果は実に悲惨なものとなるだろう。とりわけ同行は他のすべての市中銀行に適用される「銀行法」とは異なる独自の法令によって市中銀行業務を兼営することから、その存在は韓国金融界全体に一層の混乱を生じさせるだろう。同行が市中銀行業務と長期金融業務を兼営することは、安定的かつ健全な銀行主義に基づくものとは言い難い。要するに、そもそも長期金融とは、政府ではなく市中銀行業務の一環として運営されるべき性質のものである[2]」。

しかしこの勧告案は受け入れられず、事態はブルームフィールドが懸念した方向へと急展開する。1953年12月、"中央銀行から産業界への資金供給をより円滑にするために"という名目で「韓国産業銀行法」は制定されることとなる。

同法の規定では、同行が関わる融資関連決定事項はすべて政府による事前承認が必要とされた。このため融資先、融資額の決定についてもすべて政府財務部が関与し、融資先企業が計画通りの投資を行わなかった場合には罰則を課す権限も財務部が握るようになった。

これにより、ブルームフィールドらが「金融民主化」の砦として位置づけた「金融通貨委員会」もいっそう弱体化することとなった。「銀行法」と「韓国銀行法」の「金融関連二大法制」が十分に機能していない当時の状況を利用し、李承晩政権は「韓国産業銀行」を「金融通貨委員会」の監督外に置いてしまったのである。

「このままでは、韓国産業銀行は民主的に組織された金融通貨委員会による幅広い監督下に置かれることなく、李承晩政権を支える政府財務部の厳格な支配下に置かれてしまう[3]」とブルームフィールドが憂慮していたように、以後、

第5章　1960年代韓国にみる政策的連続性

「韓国産業銀行」は政府系金融機関として産業界に重要な地位を占めていった。李承晩政権時代から朴正煕政権時代への「政策的連続性」は、この特異な金融体制を梃子に形成されていったといえる。

韓米両政府間に生じた思惑・戦略のすれ違いは、経済復興政策をめぐるさまざまな摩擦、軋轢のなかで米国の圧力をいっそう強化させた。それは両政府それぞれが掲げた目標とは裏腹に、韓国経済をより不安定化させていく要因となった。そしてこの不安定な経済情勢が、ひいては次の時代に朴正煕政権を誕生させる布石の役割を果たすこととなった。

「韓国産業銀行」の外的成立要因としては、米国が中心となって進めた「国連韓國再建團（UNKRA）事業援助」の存在を挙げなければならない。1950年代後半以降、米国は自国の国際収支悪化に伴うドル危機に直面し、一連の対韓援助負担を低減する必要に迫られていた。その結果、援助政策は「贈与」から「借款」方式へと切り替わっていった。そしてこれと前後して米国は、援助に代えて韓国政府自らが経済振興策を主導する「総合開発事業計画」の実施を同政府に求めていくこととなった。

╋第4節　1950－60年代、その政策的連続性　Ⅱ

◆4—1　復興期韓国における「UNKRA事業援助」の位置

朝鮮戦争休戦後、米国による新たな対韓援助として推進された「総合開発事業計画」の出発点となったのが、「UNKRA事業援助」（1951－60年）の一環として進められた「ネイサン報告書」に基づく「5ヶ年計画」（「韓国経済再建計画」53－57年）である（本書97、118頁参照）。生産基盤の強化を主眼とする同事業は、その後の韓国産業のあり方、性格に大きな影響を与えるものとなった。同事業が生産基盤の強化を中心に据えた理由は、復興政策の重心が"経済混乱の収拾策"から"金融部門の強化"へと移っていったからである。

同事業が描く政策内容は、おおむね次の3段階のステップから成っていた。

第1段階
復興政策を根本的に見直し、これを大きく3つの分野に分類すること。

①軍事援助、②救護援助、③再建事業。各分野の項目ごとに緊急度の順位づけを行い、優先順位に沿って援助予算を割り当てること。ただし各項目ともに厳密な予算枠を設け、いかなる場合もシーリング（上限枠）を超えてはならないこと。

第2段階

援助計画の策定においては社会、産業のインフラ整備に重点を置くこと。エネルギー、農業、鉱業、水産業、交通・通信など基幹産業の生産基盤の再構築を優先し、各産業分野の均衡ある回復、発展を促すこと。

第3段階

それらのインフラ整備の完成に合わせ、かつ産業復興計画の進捗度に対応しながら、食糧、燃料、消費財の「援助」依存体制を克服し、国際収支の改善に向けて可能な限り自立的な経済復興を目指すこと。こうした計画を円滑に推進するため、治水、土地改良、および朝鮮戦争により破壊された山林（森林資源）の回復等には全力を注入すること。

　生産基盤の強化を目的とするこの「UNKRA事業援助」は、その90％までが繊維、化学ほか製造業の設備投資に振り向けられた。これにより復興期韓国は板硝子工場、セメント工場をはじめ、多くの生産設備を生み出した。「UNKRA事業援助」は政府主導型「総合開発事業計画」の起点として、その後の韓国経済を方向づける大きな役割を果たすこととなった。

　「政府帰属財産」払下げを契機に生成された「特恵財閥」は、このような大規模復興事業に優先的に参加することで肥大化し、独裁政権を強力に支える役割を担っていった。

　「特恵財閥」と称される企業（グループ）の最大の特徴は「所有と経営の未分離」にあった。彼らにとっては李承晩大統領との個人的な癒着関係の有無が利権獲得の最大の鍵となった。李大統領と深い繋がりを持つ「財閥」オーナー（一族）が企業（グループ）を所有するとともに経営全般に采配をふった。「韓国産業銀行」はこうした企業（グループ）に特恵的な貸出金利を与える機関として設立されたのである。

　この構造は張勉政権を経て、さらに朴正熙政権の時代へと持続していくこと

第5章　1960年代韓国にみる政策的連続性

となる。

◆4―2　「経済第一主義」の歴史的意義

　ここで、李承晩政権崩壊から朴正煕政権誕生へと向かう過程にあって、1960年代韓国の政府主導型「総合開発事業計画」に大きな影響を与えた「経済第一主義」（＝新経済開発5ヶ年計画。60年8月導入）についてふれなければならない。

　朴正煕は軍事クーデターによって張勉政権を崩壊させた。しかし、自らの政権運営において主軸を成すこととなった「新経済開発5ヶ年計画」の中身は、張勉政権が掲げた「経済第一主義」を全面的に引き継ぐものであった。事情は次の通りである。

　李承晩政権の崩壊（1960年4月）から4ヶ月後、総選挙によって張勉政権が成立した。同政権は翌年5月までの過渡的、短期政権にすぎなかったが、政権の誕生は援助依存型の李政権に見切りをつけた米国の支援・指導を背景としていた点で、軽視できない重要な意味を含んでいた。張勉政権は米国の対韓政策転換の反射鏡と位置づけることができる。

　したがって張勉政権の「経済第一主義」は米国の対韓経済政策とは無縁であるはずがなく、むしろその象徴的意味を持っていた。朴正煕政権下の「第1次経済開発5ヶ年計画」へと連続的に継承された「経済第一主義」を再検証することは、米国による対韓政策の変転の軌跡を解明することでもある。

　張勉政権による「経済第一主義」の特徴は、その政策要綱の序文で"計画性ある自由経済体制"と謳われたように、政府主導の"計画経済"と民間主導の"自由経済（市場経済）"との「融合経済」を目指すところにあった。それは、援助経済への依存度を高めてきた韓国経済がいよいよ行き詰まり、その解決に乗り出し始めたことを示唆するものであった。

　「経済第一主義」の構想内容の骨格は次の通りである。

（1）政府主導型の「総合的復興政策」であること。

（2）国際収支の改善と輸出振興のために、「援助経済」から脱却し「自立型経済」への転換を目指すこと。

（3）産業基盤を充実させるためにインフラ整備に重点を置くこと。

（4）事業の対象領域は電力・石炭などのエネルギー産業、および鉄鋼などの素材産業とし、その育成に努めること。

（5）これらにより「輸入代替工業化政策」から「輸出志向型工業化政策」への発展的転換を進めること。

　ここにみられる通り、「経済第一主義」の構想内容と先述した1950年代「UNKRA事業援助」を起点とする政府主導型「総合開発事業計画」とのあいだには相違が認められない。「経済第一主義」では"韓米間の軋轢"や"国内における所得・生活格差"の是正が目的に掲げられてはいるものの、実質的には「UNKRA事業援助」に始まる政府主導型「総合開発事業計画」を引き継いだものであることがわかる。

　この政策思想が朴正煕政権による「第1次経済開発5カ年計画」へとさらに引き継がれていったのである。

╬第5節　まとめ

　朴正煕政権のもとで展開された1960年代の市場開放政策は、その成果として「韓国モデル」と称される高度経済成長を可能とした。

　朴正煕はクーデター後、大規模な政府主導型「総合開発事業計画」を構想した。その出発点が一大国家プロジェクト「第1次経済開発5ヶ年計画」（1962－66年）であった。そしてこの大規模な政府主導型「総合開発事業計画」は、結果として朴政権以後にも引き継がれ、合計8回にわたる逐次計画によって33年もの歳月を費やすこととなった（その最終となる93－97年の「新経済開発5ヶ年計画」は2年ほど執行された後に放棄）。

　第2節に示したように、この一連の国家的プロジェクトは、「第1次経済開発5ヶ年計画」だけでもGNP成長率で年平均8.5％（1962－66年）、国民1人当たりGNPで130.8ドル（66年）を記録する大成果となった。産業における重化学工業化の強化、「輸出志向型工業化政策」の促進による国際貿易の拡大によって、国際競争力も飛躍的に高まった。「韓国モデル」と称されるゆえんである。

第5章　1960年代韓国にみる政策的連続性

　しかしながら、これらの成果を可能とした要因について検討を加えるならば、1960年代の経済発展は朴正煕政権独自の自由化・市場開放政策に拠るだけでなく、50年代に形づくられた政財界の癒着構造が強力に国内経済を牽引してきた結果であることも明らかとなる。50年代に生成し60‐70年代に肥大化した「特恵財閥」によって韓国は「圧縮された産業発展パターン」と称される高度経済成長を達成し、それが「矛盾をはらんだ成長」としてその後の韓国経済のゆくえに深い陰を落とし続けることとなったのである。1997年12月に見舞われた韓国の経済破綻危機（IMF通貨危機）も、その淵源は「財閥」主導経済にひそむ「矛盾」から発したものと言い得る。

　ここにいう「矛盾をはらんだ成長」とは次のように概括することができる。

（1）「矛盾をはらんだ成長」とは、国民経済の発展を促す要因そのものが、同時に絶えざる破綻の危険を内包しながら経済成長を促している状態を指す。韓国においては、成長の担い手であった「特恵財閥」の存立基盤そのものが、常に政権との密接な利害関係を前提に構築されていたため、その存在が政権の利害に反するとみなされたときには、財閥の「特恵」的条件そのものに亀裂が生じるという脆弱性を持っていた。

（2）このため「特恵財閥」は常に政権の利害に寄り添う必要があった。しかしそのようなあり方は、民主化が進めば持続不可能になるという側面も持っていた。すなわち、「特恵財閥」主導の経済発展（格差拡大）が進めば進むほど一般国民による民主化要求は高まり、財閥自体の存立基盤を脆弱なものにしていくという構造を内包していた。たとえば、逆説的ではあるが、朴正煕独裁政権は民衆による不正告発運動を乗り切るため、「偽装私債」の疑いがある「三護財閥（サムホ）」を金融支援対象から外し、破綻へと追い込んでいる（1972年「緊急経済措置」に基づく73年「4・6措置」により73名（81社）に及ぶ企業経営者が反社会的企業人として告発され、融資打ち切りのすえ関係企業のほとんどが破綻）。

（3）したがって、韓国における「矛盾をはらんだ成長」は、政権基盤や「特恵財閥」を常に脅かしながらでしか持続し得ない構造を持っていた。「成長」そのもののなかに、そうしたリスクを高める危険因子が存在していた。

一方、朴正熙政権の前後、米国の世界戦略もまた深い矛盾を抱え込むようになっていた。事情は次の通りである。
　第一に、米国は国際収支において慢性的な赤字構造に陥っていた。国内世論は政府が行う海外「無償援助」に対して、長期的視野の欠落、一貫性のなさ、国内経済に与える負の代償の大きさ、といった面から批判を高めていた。その典型として、巨額かつ長期にわたる対韓援助が指弾の標的となっていた。
　第二に、しかし、西側陣営にとり韓国は依然「反共への砦」として重要な戦略的位置にあり、米国にとっては特別な地域だったことから、引き続き韓国の国力を増進・強化することは米国自体の国益にとっても有効であった。
　こうした二つの相反する状況に直面した米国は、結局、①軍事面における支援強化策は継続する、②しかし民政の領域、すなわち経済、産業、インフラ整備などは自主・自立による復興政策へと誘導する、といった政策的舵切りを行うこととなる。時あたかも登場した朴正熙政権の経済自立政策は、米国の路線転換にとっても好都合なものとなった。
　「UNKRA事業援助」に始まり「経済第一主義」、さらに「第１次経済開発５ヶ年計画」へと連なる韓国の政府主導型「総合開発事業計画」、そしてこれを牽引してきた「特恵財閥」は、1950-60年代における韓米両政府間の思惑のなかで生み出されたものであったといえる。
　ここに1950-60年代復興期韓国における「政策的連続性」の意味が明らかとなる。李承晩政権から朴正熙政権に至る「政策的連続性」は、米国政府にとっては自らの世界戦略の一環として、韓国政府にとっては政財界癒着構造の維持・強化の手段として、ともに「制度移植」による「金融民主化」構想とは異なる次元で生み出された必要不可欠な現象だったのである。
　この「政策的連続性」は図19、20、21、22においてもはっきりとみてとれる。1950年代から一貫して製造業部門が第２次産業の成長を牽引し、GNP増に貢献した経緯が確認できる。これらのデータもまた、政府主導型「総合開発事業計画」が1950年代を通じて工業部門の成長を促し、同じ成長パターンが朴正熙政権による60年代「第１次経済開発５ヶ年計画」へと引き継がれた事実を証明している。

第 5 章　1960年代韓国にみる政策的連続性

図 19　第 2 次産業の GNP 推移

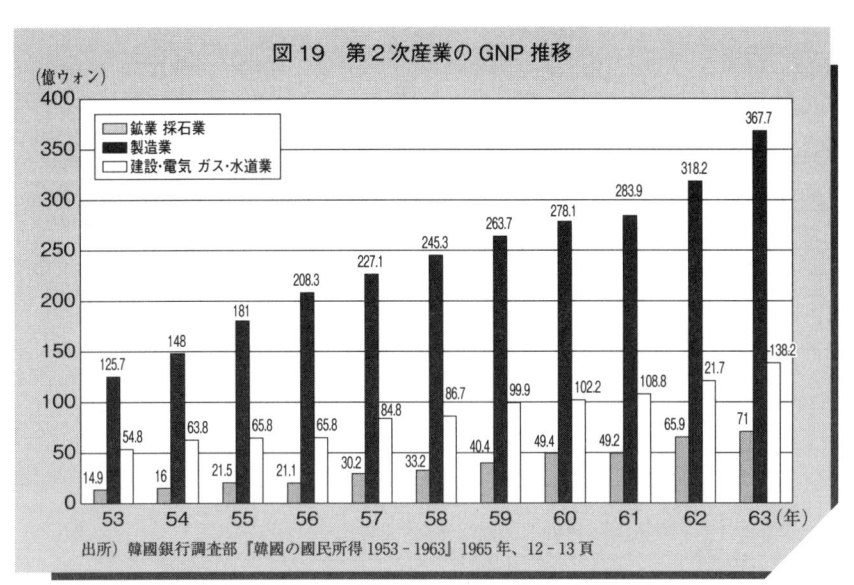

（億ウォン）

凡例：鉱業・採石業／製造業／建設・電気・ガス・水道業

年	鉱業・採石業	製造業	建設・電気・ガス・水道業
53	14.9	125.7	54.8
54	16	148	63.8
55	21.5	181	65.8
56	21.1	208.3	65.8
57	30.2	227.1	84.8
58	33.2	245.3	86.7
59	40.4	263.7	99.9
60	49.4	278.1	102.2
61	49.2	283.9	108.8
62	65.9	318.2	121.7
63	71	367.7	138.2

出所）韓國銀行調査部『韓國の國民所得 1953 - 1963』1965年、12 - 13 頁

図 20　工業部門別構成の推移（付加価値総額）

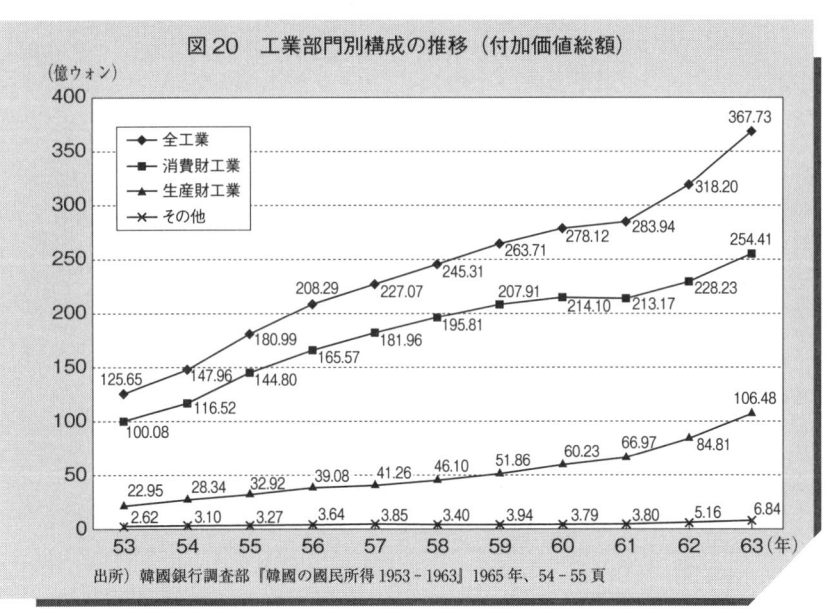

（億ウォン）

凡例：全工業／消費財工業／生産財工業／その他

年	全工業	消費財工業	生産財工業	その他
53	125.65	100.08	22.95	2.62
54	147.96	116.52	28.34	3.10
55	180.99	144.80	32.92	3.27
56	208.29	165.57	39.08	3.64
57	227.07	181.96	41.26	3.85
58	245.31	195.81	46.10	3.40
59	263.71	207.91	51.86	3.94
60	278.12	214.10	60.23	3.79
61	283.94	213.17	66.97	3.80
62	318.20	228.23	84.81	5.16
63	367.73	254.41	106.48	6.84

出所）韓國銀行調査部『韓國の國民所得 1953 - 1963』1965年、54 - 55 頁

図21 GNPと関連指標(その1)

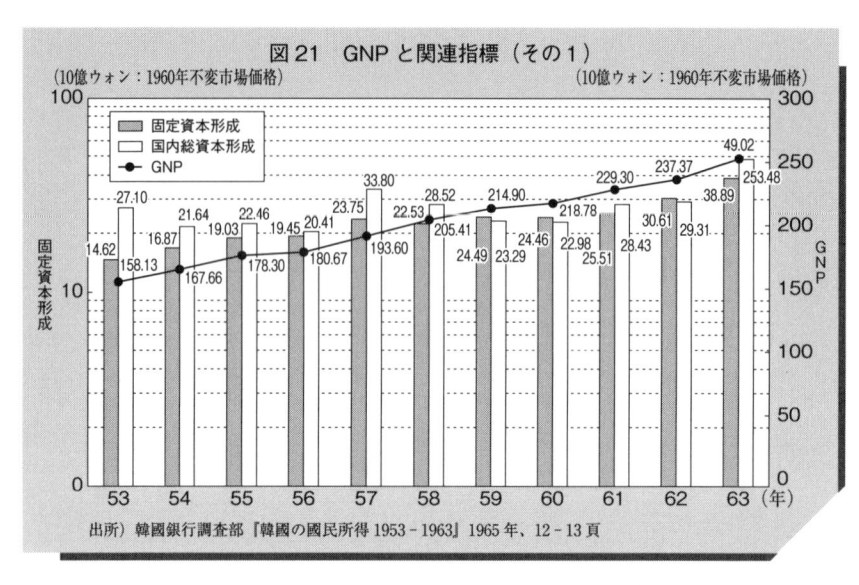

(10億ウォン:1960年不変市場価格)　　　　　　　　　　　　　(10億ウォン:1960年不変市場価格)

凡例:
- 固定資本形成
- 国内総資本形成
- GNP

年	固定資本形成	国内総資本形成	GNP
53	14.62	27.10	158.13
54	16.87	21.64	167.66
55	19.03	22.46	178.30
56	19.45	20.41	180.67
57	23.75	33.80	193.60
58	22.53	28.52	205.41
59	24.49	23.29	214.90
60	24.46	22.98	218.78
61	25.51	28.43	229.30
62	30.61	29.31	237.37
63	38.89	49.02	253.48

出所) 韓國銀行調査部『韓國の國民所得1953-1963』1965年、12-13頁

図22 GNPと関連指標(その2)

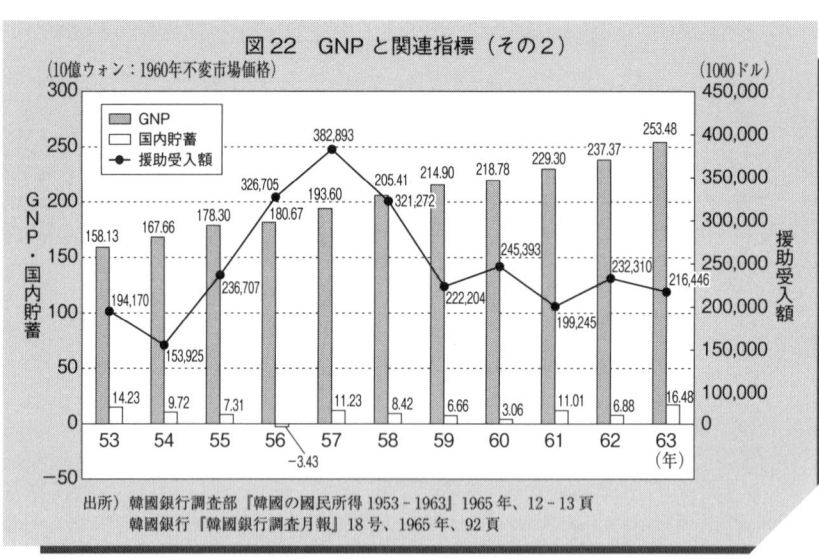

(10億ウォン:1960年不変市場価格)　　　　　　　　　　　　　(1000ドル)

凡例:
- GNP
- 国内貯蓄
- 援助受入額

年	GNP	国内貯蓄	援助受入額
53	158.13	14.23	194,170
54	167.66	9.72	153,925
55	178.30	7.31	236,707
56	180.67	-3.43	326,705
57	193.60	11.23	382,893
58	205.41	8.42	321,272
59	214.90	6.66	222,204
60	218.78	3.06	245,393
61	229.30	11.01	199,245
62	237.37	6.88	232,310
63	253.48	16.48	216,446

出所) 韓國銀行調査部『韓國の國民所得1953-1963』1965年、12-13頁
韓國銀行『韓國銀行調査月報』18号、1965年、92頁

第 5 章 1960年代韓国にみる政策的連続性

1) Bloomfield, Arthur I., *Chapter III, Report and Recommendations on Banking in South Korea*, March, 1952 (Arthur I. Bloomfield and John P. Jensen, *Reports and Recommendations on Monetary Policy and Banking in Korea*, Reprinted by Research Department, Bank of Korea, 1965) p. 71.
2) *Ibid*., pp. 71-72.
3) *Ibid*., p. 72.

結論　対米従属が生む「矛盾をはらんだ成長」

一般に「圧縮された産業発展パターン」(「圧縮された成長」)と称される1960年代韓国の飛躍的経済発展は、単に朴正熙政権下による自由化・市場化政策によってのみもたらされたものではなく、すでにそれに先立つ50年代の米国による「制度移植」の導入とその「挫折」のプロセスに大きく負っていた。本書を通じて明らかになったこと、それは「ブルームフィールド勧告」に基づく対韓「制度移植」の導入が「金融民主化」という所期の目的・理念から大きく離れ挫折し、逆に韓国政財界の人的癒着関係をいっそう深めさせながら、特定利益集団(特恵財閥)の成長を強力に促していったという、「意図せざる結果」に至るまでの経緯である。

　各国固有の重層的媒介機構として機能する「制度」は、往々にしてその他国への「移植」によってそれ自体の調整機能を弱める結果をもたらすが、1950年代の対韓援助政策にみられた「アングロサクソン型市場」の「制度移植」の試みでは、さらにその「挫折」によって移植国内部に特異な発展パターンをもたらすこととなった。「直接金融」を主とし、個人主義的伝統と「契約」という理念のもとに成立した「アングロサクソン型市場」の韓国への「移植」の試みは、その「挫折」によって李承晩独裁政権が主導する恣意的金融政策へと姿を変え、続く60年代の朴正熙独裁政権下には「特恵財閥」の肥大化に支えられた飛躍的な高度経済成長(「矛盾をはらんだ成長」)へと向かっていったのである。

　第1章でふれたように、「新古典派開発理論」は1960年代の韓国にみられた「(最終消費財の)輸入代替工業化政策」から「(同じく最終消費財の)輸出志向型工業化政策」への転換の成功を「圧縮された産業発展パターン」と規定した。すなわち、50年代の輸入代替期から60年代の輸出拡大期への短期の移行(発展段階における時間的「圧縮」)を「圧縮された産業発展パターン」と呼び、その転換を極めて手際よくなしとげた数少ない開発途上国として韓国を高く評価したのである。

　これに対して本書では、韓国の「転出志向型工業化政策」の成功は、それに先立つ1950年代の対韓「制度移植」の「挫折」と、それがもたらした「特恵財閥」の生成に負うところが大であるとし、そこに50-60年代韓国資本主義の最大の特徴を見出そうとした。

　本書ではこの「制度移植」の挫折と高度経済成長との関係を解明するために、

結論　対米従属が生む「矛盾をはらんだ成長」

　当時の対韓「金融制度改革」（「金融民主化」）のベースをなした「ブルームフィールド勧告」（「５大レポート」）に光を当ててきた。この「勧告」は、ハイパー・インフレーションの渦中にあった解放後の韓国経済の正常化を目指し、米国型金融制度を韓国に移し植え、中立性と独立性を保持した「中央銀行」の創設と持続的な「引締め的安定」策の履行を韓国政府に迫る目的で作成されたものである。

　勧告書をもとに米国政府が推し進めた「改革」の重要な柱は「間接金融主導から直接金融主導への転換」であった。株式市場の育成に資するその最も手堅い手法として試みられたのが「政府帰属（銀行）株」の民間への払下げ（開放）である。米国はこれによって株式取引制度の本格導入や取引所創設に要する資金調達が可能になるとみなした。しかし、第２章で詳述したように、実際の払下げにおいては時の大統領・李承晩と格別な人的癒着関係を持つ特定階層や特定民族資本のみが極めて有利な条件で「銀行株」を落札・取得し、巨額の利得を掌中に収めることとなった。この「銀行株」払下げを主たる端緒として「特恵財閥」は形成されていった。「金融民主化」を旨とする「ブルームフィールド勧告」に基づく「制度移植」は、皮肉にも政治的中立性とは対極にある政財界癒着の関係を常態化させ、韓国経済界に覇をなす「特恵財閥」の誕生に直接的な影響を与える結果になったといえる。

　「ブルームフィールド勧告」の要をなした「新・中央銀行」の創設についても、実際には「特恵財閥」と結びついた李承晩政権の実利的政策によりその核心部がすり替えられた。そればかりか、ついには政権の恣意的介入を正当化する第２の政府系金融機関、「韓国産業銀行」の新設へと逆進していった。これもまた「制度移植」による「意図せざる結果」の一つとすることができる。

　米国による対韓「制度移植」はこうして「挫折」に終わった。重要なのは、このような経緯で力をつけた「特恵財閥」がその後の朴正熙政権下においても経済的覇権をさらに強化し、同政権が主導する「第１次経済開発５ヶ年計画」の強力な牽引役となったことである。李承晩政権時代の対韓「制度移植」の挫折によって生まれ、朴正熙政権時代の自由化・市場開放政策によって肥大化した「特恵財閥」の存在なくして、60年代韓国の「圧縮された産業発展パターン」は実現し得なかったといえる。

朴正熙政権の自由化・市場開放政策は李承晩政権下の経済的自立政策を引き継ぐものであった。実際、1960年代「輸出志向型工業化政策」の柱となった最終消費財の輸出強化は、50年代に始まる政府主導型「総合開発事業計画」の一環として促進されたものであった。しかも両時代を通じ、その担い手はいずれも「特恵財閥」であった。

　これらの歴史的事実とともに改めて強調しておかねばならないのは、その発祥の歴史からも明らかなように、韓国経済界における「特恵財閥」の覇権は時の政権との強い癒着関係なしには確立し得なかったということである。米国による「近代的」な「制度移植」のもとで、「特恵財閥」自体が持つ「前近代性」、あるいはそれが内包する政財界癒着の「歪んだ構造」は、韓米両政府の利害の一致を背景に時代とともに深化の度を加えていった。「前近代性」や「歪んだ構造」はそのまま経済発展の過程に組み込まれ、その後の韓国経済の特質を規定するに至った。「漢江の奇跡」「圧縮された成長」「韓国モデル」などの輝かしい言葉の裏で、「矛盾をはらんだ成長」は韓国経済の深部に構造化され、やがて70年代以降の国民経済にみられるさらなる矛盾の深化（「所有と経営の未分離」を特質とする「特恵財閥」主導の経済体制の完成）へと繋がっていったのである。

　ところで、第1章と第3章に述べたように、サミール・アミンの歴史観においては、1950－60年代の世界資本主義は米国という主導的な「中心部資本主義社会構成体」とラテンアメリカをはじめとする従属的な「周辺部資本主義社会構成体」とから成り、「第三世界」は「周辺部資本主義社会構成体」として「中心部資本主義社会構成体」から発展を規定され、歪曲され、封じ込まれる存在とされる（支配・従属・停滞論）。すなわち、50年代を通じて「中心部資本主義社会構成体」としての米国は「周辺部資本主義社会構成体」としての「第三世界」にインパクトを及ぼし続けたが、そのインパクトが60年代に至り旧植民地諸国の従属性をより強めることになったというのである（「（新）従属理論」）。

　しかし、第3章で明らかにしたように、1950－60年代の韓国資本主義は、対米輸出依存型の経済であった点で確かにアミンのいう「周辺部資本主義社会構成体」に位置づけられるものの、政財界癒着のもと「特恵財閥」を肥大化させ、

結論　対米従属が生む「矛盾をはらんだ成長」

飛躍的な経済発展をとげた点でアミン説とは異なる構造を持っていた。

換言すれば、1950‐60年代の韓米両国の関係においては、「中心部資本主義国」である米国が「周辺部資本主義国」である韓国に政治的・経済的介入を深めた結果、独裁政権下の韓国では「所有と経営の未分離」を特質とする「特恵財閥」が出現し、その国内的覇権の結果として対米従属型の「矛盾をはらんだ成長」（「停滞」ではない）がもたらされたということである。こうした歴史的事実をふまえ、本書では50‐60年代の韓国資本主義を、アミン説にいう「従属→停滞」ではなく、「従属→矛盾をはらんだ成長」として認識する必要を説いた。

これと関連して、第1章では韓国や日本を中心に各国で展開された1980年代後半の「韓国資本主義論争」の諸論を取り上げ、その共通点と相違点を整理した。同論争は、1960年代以降の韓国資本主義をいかに定義づけるかをめぐってくり広げられたものである。すなわち、60年代以降の韓国を、国家独占資本主義の段階に移行したとみる「国家独占資本主義論」と、"中心部資本主義国に従属する周辺部資本主義"としての特質を強めていったとみる「周辺部資本主義論」とのあいだでなされた論争である。この両論に対して、梶村秀樹は「植民地半封建社会構成体」という新たな概念で当時の韓国資本主義の特質を描き出した。そして「特恵財閥」を「植民地半封建社会」における「隷属資本」と位置づけ、韓国資本主義にみられた"対米従属的な発展"のあり方に注目することで、先のアミン説をより普遍化する独自の理論体系を提示した。本書では特にこの梶村説を軸に据えながら、「特恵財閥」主導で実現された韓国高度経済成長の意味を対韓「制度移植」の「挫折」との関係で問い直した。

さて、対韓「制度移植」の挫折をめぐる本書の考察においては以下の作業を欠かすことができなかった。

まず、「ブルームフィールド勧告」の発掘とその解読である。同勧告書は今日なお分析の対象とされておらず、したがって韓国経済史を読み解く重要資料としてこれまで正当に位置づけられてきたとは言い難い。

次に、李承晩政権下でなされた「政府帰属（銀行）株」払下げに関する一連の原資料の発掘とその読解・分析が挙げられる。1950年代における「特恵財閥」の勃興の経緯や政権との密接な関係、あるいは60年代の「圧縮された産業

発展パターン」を可能とした諸要因を解明するには、これら第一次資料の解読・分析は決定的に重要であった。

　とはいえ、本書は資料の発掘、その分析においてなお十分とは言い難い。たとえば、「特恵財閥」形成の基本要因をなした「政府帰属（銀行）株」払下げでは、実際には他の名義人による落札（いわゆる「名義貸し」）が横行したといわれているが、各落札者の名義や落札方法の真相については企業秘密の壁に阻まれ、いまだ十分な分析には至り得ていない。入札価格の高低とは無関係に落札を成功させ、巨額の株式を独占した者が確認されていることから（第2章）、そこに強力な政治介入が働いていたことは確かである。落札者たちがその後どのような経緯を経て「特恵財閥」へと自己発展をとげていったのか、その相互関係を掘り下げる分析が求められている。

　また、当時さまざまな二国間関係のなかで複数行われていたと思われる「中心部資本主義社会構成体」から「周辺部資本主義社会構成体」への自国型「制度移植」についての成否、あるいは「制度移植」そのものに内包された普遍的問題と現代の「国際援助政策」にみられる諸問題との関係、これらについて考察を深める作業も今後の重要な課題といえる。

参 考 文 献 一 覧

青木昌彦〔1995〕『経済システムの進化と多元性』東洋経済新報社。
───〔1996〕「経済学は制度をどう見るか」大山道広・西村和雄・吉川洋編『現代経済学の潮流1996』東洋経済新報社。
青木昌彦・奥野(藤原)正寛〔1996〕『経済システムの比較制度分析』東京大学出版会。
青木昌彦・奥野正寛・岡崎哲二編〔1999〕『市場の役割 国家の役割』東洋経済新報社。
青木昌彦・寺西重郎編〔2000〕『転換期の東アジアと日本企業』東洋経済新報社。
青木昌彦〔2003〕『比較制度分析に向けて 改装版』瀧澤弘和・谷口和弘訳、NTT出版。
麻島昭一編〔1986〕『財閥金融構造の比較研究』お茶の水書房。
安秉直・中村哲〔1993〕『近代朝鮮工業化の研究―1930〜1945年』一潮閣。
安忠栄〔2000〕『東アジア経済論』岩波書店。
池尾和人・黄圭燦・飯島高雄〔2001〕『日韓システムの比較制度分析』日本経済新聞社。
石坂浩一〔1993〕『近代日本の社会主義と日本』社会評論社。
伊藤修〔1995〕『日本型金融の歴史的構造』東京大学出版会。
伊東和久〔1990〕「韓国の経済成長と産業開発金融」アジア経済研究所。
井上隆一郎〔1994〕『アジアの財閥と企業』日本経済新聞社。
今井賢一・小宮隆太郎〔1989〕『日本の企業』東京大学出版会。
尹秀吉〔1984〕『韓国的民主主義批判―朴政権の歴史的系譜とその本質』緑蔭書房。
植村博恭〔1996〕「脱工業化と資本蓄積の構造変化」伊藤誠・野口真・塩川信司編『マルクスの逆襲―政治経済学の復活』日本評論社。
───〔2003〕「制度分析と分配理論の再構築―Bowles Gintis理論の統合」佐藤良一編『市場経済の神話とその変革―＜社会的なこと＞の復権』法政大学比較経済研究所。
榮禮鎔〔1967〕『韓國經濟の發展と展望』榮信文化社。
LG〔1997〕『LG50年史』。
LG化学〔1997〕『LG化学50年史』。
LG商事〔2003〕『LG商事50年史』。
大内穂・下山映二〔1985〕『開発途上国の官僚制と経済発展』アジア経済研究所。
大蔵省財政史室〔1987〕『昭和財政史―終戦から講和まで』(「第7巻 租税(1)」)。
───〔1987〕『昭和財政史―終戦から講和まで』(「第8巻 租税(2)」)。
───〔1990〕『昭和財政史―昭和27〜48年度』(「第6巻 租税」)。
大西裕〔2005〕『韓国経済の政治分析―大統領の政策選択』有斐閣。
大沼久夫〔1993〕『朝鮮分断の歴史』新幹社。
岡崎哲二・奥野正寛編〔1993〕『現代日本経済システムの源流』日本経済新聞社。
岡崎哲二〔1995〕「戦後日本の金融システム―銀行・企業・政府」森川英正・米倉誠一郎編『日本経営史5―高度成長を超えて』岩波書店。

奥村宏〔1991〕『法人資本主義の構造　新版』社会思想社。
───〔1991〕『法人資本主義―「会社本位」の体系　改訂版』朝日新聞社。
───〔1992〕『解体する「系列」と法人資本主義』社会思想社。
───〔1992〕『会社本位主義は崩れるか』岩波書店。
───〔1994〕『日本の六大企業集団』朝日新聞社。
梶村秀樹〔1964〕「「不正蓄財処理の問題」と南朝鮮の隷属的独占資本」日本朝鮮研究所『朝鮮研究』第31号。
───〔1984〕「第3章　旧植民地社会構成体論」富岡倍雄・梶村秀樹編『発展途上経済の研究』世界書院。
───〔1985〕『朝鮮における資本主義の形成と展開』龍渓書舎。
───〔1990〕『梶村秀樹著作集　別巻回想と遺文』明石書店。
───〔1992〕『梶村秀樹著作集　第1巻　朝鮮史と日本人』明石書店。
───〔1993〕『梶村秀樹著作集　第2巻　朝鮮史の方法　』明石書店。
───〔1993〕『梶村秀樹著作集　第3巻　近代朝鮮社会経済論』明石書店。
───〔1993〕『梶村秀樹著作集　第4巻　朝鮮近代の民衆運動』明石書店。
───〔1993〕『梶村秀樹著作集　第5巻　現代朝鮮への視座』明石書店。
梶村秀樹・渡部学〔1986〕『韓国の思想と行動』(「シリーズ・日本と朝鮮」) 太平出版社。
梶村秀樹・石坂浩一〔1995〕『朝鮮を知るために』明石書店。
河合和男〔1988〕「工業化政策の変遷―解放～1970年代」小川雄平編『韓国経済の分析』日本評論社。
韓國開発研究院〔1995〕『韓國經濟半世紀　政策資料集』。
─────────〔2003〕『KDI 政策研究事例―過去三十年の回顧』。
韓國外報部〔1957〕『國際聯合韓國再建團長報告書』。
韓國銀行〔1952〕『韓國銀行調査月報』第5号。
───〔1965〕『韓國銀行調査月報』第18号。
───〔1965〕『経済統計年報』。
韓國銀行調査部〔1950〕『1950年版　經濟年鑑』。
─────────〔1951〕「1950年度 ECA 対韓經濟援助」『韓國銀行調査月報』第5号。
──────〔1952〕『1952年版　經濟年鑑』。
──────〔1955〕『1955年版　經濟年鑑』。
──────〔1955〕『韓國經濟図表』。
──────〔1957〕『1957年版　經濟年鑑』。
──────〔1958〕『1958年版　經濟年鑑』。
──────〔1965〕『韓國の國民所得1953―1963』。
韓國金融研究所編〔1984〕『韓國經濟年表1945―1983』三文。
韓國經濟研究院〔1995〕『韓國の企業集団―三十大企業集團の形成と成長要因』。
韓國經濟人會〔1960〕『産業構造と經濟開發計劃』。
──────〔1966〕『金融構造の実態と改善』。
韓國財務部〔1978〕『韓國の税制史』(上・下)。

参考文献一覧

韓國財務部〔1958〕『財政金融の回顧―建國十個年業績』。
韓國財務部司税局〔1960〕『税務統計年報』。
──────〔1964〕『税務統計年報』。
韓國産業銀行財務部〔1993〕『韓國外資導入三十年史』。
韓國産業銀行企劃調査部〔1954〕『ネイサン報告書―韓國經濟再建計劃』(上・下)。
──────〔1956〕『經濟政策の構造』。
韓國産業銀行十年史編纂委員会〔1964〕『韓國産業銀行十年史』。
韓國年鑑編纂委員会〔1955〕『1955年版 韓國年鑑』嶺南日報社。
──────〔1962〕『1962年版 韓國年鑑』嶺南日報社。
──────〔1963〕『1963年版 韓國年鑑』嶺南日報社。
──────〔1964〕『1964年版 韓國年鑑』嶺南日報社。
──────〔1965〕『1965年版 韓國年鑑』嶺南日報社。
木村幹〔2000〕『朝鮮/韓国ナショナリズム「小国」意識』ミネルヴァ書房。
──〔2002〕『韓国における「権威主義的体制の成立」』ミネルヴァ書房。
姜錫寅〔1994〕『外資導入と韓國の經濟発展―經験的分析と政策』凡信社。
姜萬吉編〔2000〕『韓國資本主義の歴史』歴史批評社。
姜明憲〔1996〕『財閥と韓國經濟』ナナム出版。
姜英之〔1991〕『東アジアの再編と韓国経済』社会評論社。
金雲泰〔1992〕『米軍政の韓國統治』博英社。
金基元〔1990〕『米軍政期の經濟構造』プルンサン。
金建〔1990〕「韓國銀行法の変遷」韓國銀行調査第一部『韓國銀行四十年史』。
金三洙〔1993〕『韓国資本主義の成立過程1945-53年』東京大学出版会。
金達鉉〔1963〕『五個年計画の解説―内容・解説・評論』進明文化社。
金俊輔〔1977〕『韓國資本主義史研究』(Ⅲ)一潮閣。
金早雪〔1986〕「韓国輸出指向工業化政策戦略と産業構造の高度化―韓国の重化学工業化をめぐって」大阪市立大学『季刊経済研究』第9巻第2号。
金鐘遠・金一〔1973〕『韓國經濟論』研修社。
金禮鎔〔1967〕『韓國經濟の發展―回顧と展望』榮信文化社。
金命潤〔1967〕『韓國財政の構造』高麗大學校出版部。
金泳鎬〔1988〕『東アジア工業化と世界資本主義』東洋経済新報社。
經濟企画院〔1982〕『開発年代の經濟政策―經濟企画院20年史』未来社(韓国)。
現代建設株式会社〔1997〕『現代建設五十年史』
現代グループ文化室〔1997〕『現代五十年史』(上・下)。
高峻石〔1985〕『朝鮮1945―1950』社会評論社。
高時天〔1977〕「韓国の企業と経営の体質」隅谷三喜男編『韓国の企業経営』アジア経営研究所。
高龍秀〔2000〕『韓国の経済システム―国際資本移動の拡大と構造改革の進展』東洋経済新報社。
黄祥仁・王允鍾・李晟鳳〔1999〕『IMF体制下の韓國經濟Ⅱ(1998.7~1999.12)―総合

報告』對外經濟政策研究院。
洪性囿〔1962〕『韓國經濟と美國援助』博英社。
―――〔1965〕『韓國經濟の資本蓄積過程』高麗大學校亞細亞問題研究所。
洪達善・梶村秀樹〔1971〕『朝鮮社会主義農業論』日本評論社。
洪忠植〔1965〕『韓國經濟論』博英社。
洪夏祥〔2003〕『李健』韓國經濟新聞社。
―――〔2004〕『李秉喆　対　鄭周永』韓國經濟新聞社。
香西泰〔1981〕『高度成長の時代』日本評論社。
香西泰・寺西重郎〔1993〕『戦後日本の経済改革―市場と政府』東京大学出版会。
高麗大學校亞細亞問題研究所〔1967〕『亞細亞研究』Vol.X No.2、高麗大學校出版部。
國連軍総司令部經濟調査官〔1953〕『經濟再建および財政安定計劃に関する合同經濟委員會協約』。
小玉敏彦〔1995〕『韓国工業化と企業集団―韓国企業の社会的特質』学文社。
小林秀夫〔1983〕『戦後日本資本と「東アジア経済圏」』御茶の水書房。
崔章集〔1997〕『現代韓国の政治的変動―近代化と民主主義の歴史的条件』中村福治訳、木鐸社。
崔廷杓編〔1993〕『財閥解体』比峰出版社。
―――〔1996〕『先進化のための財閥選択―所有と経営の分離』コウォン。
―――〔1999〕『財閥時代の終焉』コウォン。
財政金融三十年史編纂委員會〔1978〕『財政金融三十年史』。
坂田幹男〔1985〕「低開発『国家資本主義論』の現段階―国家資本主義論の二類型把握を中心として」大阪市立大学経済学会『經濟學雑誌』86号第3巻。
―――〔1991〕『第三世界国家資本主義論』日本評論社。
桜井浩〔1987〕「工業化の展開　2.50年代の工業化」『韓国の工業化―発展の構図』アジア経済研究所。
佐藤進・宮島洋編〔1991〕『戦後税制史』税務経理協会。
佐野誠〔1998〕『開発のレギュラシオン―負の奇跡・クリオージョ資本主義』新評論。
―――〔2001〕「韓国経済のアルゼンチン化？」松本厚治・服部民夫編『韓国経済の解剖―先進国移行論は正しかったのか』文眞堂。
三星会長秘書室〔1988〕『三星五十年史』。
三星電子〔1998〕『三星電子三十年史』。
車東世・金光錫〔1995〕『韓國經濟半世紀―歴史的評価と21世紀ビジョン』韓國開發研究院。
司空壹〔1994〕『韓国経済新時代の構図』渡辺利夫監訳、宇山博訳、東洋経済新報社。
島田克美〔1977〕「財閥の復活―株式相互持ち合いで結束」有沢広巳編『昭和経済史』日本経済新聞社。
朱宗桓〔1985〕『韓國經濟論』正音文化社。
―――〔1988〕『韓國資本主義史論』ハヌル。
新韓民報社〔1947〕『世界パンフレット　第1号　臨時政府樹立大綱―米ソ共委諮問委

参考文献一覧

員会答申集』。
自由黨中央黨部政策委員會〔1957〕『政策参考資料』。
─────────〔1961〕『政策参考資料』。
隅谷三喜男〔1976〕『韓国の経済』岩波新書。
─────〔1977〕『韓国の企業経営』アジア経済研究所。
全國經濟人連合會編〔1975〕『韓國經濟政策史三十年史』社会思想社（韓国）。
全國經濟人連合會四十年史編纂委員会〔2001〕『全経聯四十年史』（上・中・下）全國經濟人連合會。
滝沢秀樹〔1988〕『韓国社会の転換』御茶の水書房。
────〔1992〕『韓国の経済発展と社会構造』御茶の水書房。
────〔2004〕『東アジアの国家と社会─歴史と現在』御茶の水書房。
谷浦孝雄〔1989〕『韓国の工業化と開発体制』アジア経済研究所。
────〔2000〕『21世紀の韓国経済』日本貿易振興会アジア経済研究所。
田村紀之〔1990〕「産業構造と産業政策」渡辺利夫編『概説：韓国経済』有斐閣。
大韓金融商工會議所〔1983〕『韓國經濟二十年の回顧と反省』。
大韓金融團〔1967〕『韓國金融二十年史』社団法人全國銀行協會。
─────〔1978〕『韓國金融三十年史』社団法人全國銀行協會。
大韓民國広報部〔1962〕『革命政府七個月間の業績』。
大韓民國財務部〔1958〕『財政金融の回顧』。
大韓民國政府〔1948〕『韓美財政及び財産に関する協定』。
─────〔1948〕『過政末期に準備された金融法規大綱』。
─────〔1949〕『官報』号外。
─────〔1949〕『官報』第154号。
─────〔1961〕『官報』第3020号。
─────〔1961〕『革命政府經濟白書』。
─────〔1962〕『官報』第3307号。
朝鮮銀行〔1950〕『1949年版　經濟年鑑』。
────〔1950〕『朝鮮銀行調査月報』第32号。
張亭妍・王允鍾〔1998〕『IMF体制下の韓國經濟Ⅰ（1997.12～1989.6）─総合報告』對外經濟政策研究院。
趙容範・鄭允炯〔1984〕『韓國独占資本と財閥』プルピ。
丁聲鎭〔1994〕「80年代韓國社會構成体論争と周辺部資本主義」本多健吉監修『韓国資本主義論争』世界書院。
丁炳休・梁英植〔1992〕『韓國財閥部門の經濟分析』韓國開發研究院。
鄭章淵〔1992〕「『NIEs現象』と韓國資本主義」『創作と批評』秋号、創作と批評社。
───〔2007〕『韓国財閥史の研究─分断体制資本主義と韓国財閥』日本経済評論社。
鄭在景〔1991〕『朴正思想序説』集文社。
鄭章淵・文京洙〔1990〕『現代韓国への視点』大月書店。
鄭周永〔2000〕『危機こそ好機なり』金容権訳、講談社。

鄭東成〔1990〕『韓國財閥研究』毎日經濟新聞社。
────〔1997〕『韓國財閥研究』毎日經濟新聞社。
寺西重郎〔1991〕『工業化と金融システム』東洋経済新報社。
────〔1993〕「メインバンク・システム」岡崎哲二・奥野正寛編『現代日本経済システムの源流』日本経済新聞社。
富岡倍雄・梶村秀樹編〔1984〕『発展途上経済の研究』世界書院。
富岡倍雄・梶村秀樹・新納豊・鈴木義嗣編〔1984〕『韓国経済試論』白桃書房。
中川信義〔1980〕「韓国における国家資本主義発展の構造—再生産構造と貿易構造」大阪市立大学経済研究編『第三世界と国家資本主義』東京大学出版会。
────〔1986〕「韓国における対外直接投資と多国籍企業(1)」大阪市立大学『季刊経済研究』第8巻、第4号。
────〔1987〕「アジア新興工業国としての韓国経済」奥村茂次編『アジア新工業化の展望』東京大学出版会。
中村隆英編〔1989〕『「計画化」と「民主化」』(「日本経済史7」)岩波書店。
庭山慶一郎〔1958〕『講和後における税制改革の構想について』大蔵省主税局調査課。
野副伸一〔1996〕「成長の奇跡」渡辺利夫編『概説　韓国経済』有斐閣。
荻原伸次郎・中本悟〔2005〕『現代アメリカ経済—アメリカン・グローバリゼーションの構造』日本評論社。
白楽晴〔1994〕『分断体制変革の學びの道』創作と批評社。
橋本寿朗〔1992〕「財閥のコンチェルン化」橋本寿朗・武田晴人・法政大学産業情報センター編『日本経済の発展と企業集団』東京大学出版会。
長谷川啓之〔1995〕『アジアの経済発展と政府の役割』文眞堂。
服部民夫〔1984〕「現代韓国企業の所有と経営」アジア経済研究所『アジア経済』第25巻第5・6。
────〔1988〕『韓国の経営発展』文眞堂。
────〔1992〕『韓国—ネットワークと政治文化』東京大学出版会。
服部民夫編〔1987〕『韓国の工業化—発展の構図』アジア経済研究所。
原洋之助〔1996〕『開発経済論』岩波書店。
平川均〔1981〕「新興工業国の『従属性』について」『長崎国際経済大学論集』第15巻1号。
────〔1992〕『NIES—世界システムと開発』同文舘。
────〔1993〕「アジアNIES発展の国際的条件」柳田侃編『アジア経済論』ミネルヴァ書房。
平川均・朴一〔1994〕『アジアNIES—転換期の韓国・台湾・香港・シンガポール』世界思想社。
平田彰・奥田聡〔1996〕「外国貿易と工業化戦略—漢江の奇跡の原動力」渡辺利夫編『概説　韓国経済』有斐閣。
広田四哉〔1995〕「旧資産階級の没落」中村政則・天川晃・尹健次・五十嵐武士編『占領と戦後改革』(「戦後日本・占領と戦後改革2」)岩波書店。

参考文献一覧

深川由紀子〔1990〕「先進国への道と課題―産業民主化は可能か」渡辺利夫編『概説韓国経済』有斐閣。
―――〔1992〕「韓国における構造調整」柳原遊編『アジア太平洋の経済発展と地域協力』アジア経済研究所。
―――〔1994〕「産業政策と『財閥』の発展」牧戸考郎編『岐路に立つ韓国の企業経営』名古屋大学出版会。
―――〔1997〕『韓国・先進国論―成熟過程のミクロ分析』日本経済新聞社。
文京洙〔2005〕『韓国現代史』岩波書店。
朴一〔1987〕「朴政権の対外志向的工業化戦略と貿易構造の変化―世界資本主義の中の韓国経済」『商学論集』第22号。
――〔1988〕「工業化の変遷―解放～1970年代」『韓国経済の分析』日本評論社。
――〔1989〕「アジアNIESの工業化と国内資本―韓国財閥とその役割」立正大学『経済学季報』第38巻4号。
――〔1990〕「韓国の工業化と支配三者体制」『経済評論』1990年4月号。
――〔1999〕『韓国NIES化の苦悩―経済開発と民主化のジレンマ』同文舘出版。
朴實〔1993〕『朴正大統領と米國大使館』ペギャン出版。
朴宇熙・渡辺利夫編〔1983〕『韓国の経済発展』文眞堂。
朴正熙〔1997〕『國家と革命と私』地球村。
朴玄埰〔1978〕『民族經濟論』ハンギル社。
―――〔1985〕『韓国資本主義と民族運動』滝沢秀樹訳、御茶の水書房。
―――〔1994〕「統一論としての自立的民族経済の方向」（原本：〔1985〕「現代韓國社会の性格と発展段階に関する研究（Ⅰ）―韓國資本主義の性格を巡る従属論批判」『創作と批評』秋号、創作と批評社）本多健吉監修『韓国資本主義論争』世界書院。
朴炳潤〔1982〕『財閥と政治』韓洋社。
本多健吉〔1983〕『南北問題の現代的構造』日本評論社。
―――〔1983〕「新興工業国（NICs）問題への接近の視覚」奥村茂次・山崎春成編『現代世界経済と新興工業国』東京大学出版会。
―――〔1994〕「韓国資本主義の歴史的位置について―韓国資本主義論争によせて」本多健吉監修『韓国資本主義論争』世界書院。
牧戸考郎編〔1994〕『岐路に立つ韓国の企業経営』名古屋大学出版会。
松元宏〔1976〕「財閥本社の解体―1945年8月～11月の三井について」三井文庫『三井文庫論叢』第10号。
―――〔1982〕『三井財閥の研究』吉川弘文館。
宮島英昭〔1992〕「財閥解体」橋本寿朗・武田晴人・法政大学情報センター編『日本経済の発展と企業集団』東京大学出版会。
三和良一〔2002〕『日本占領の政策的研究』日本評論社。
―――〔2002〕『日本近代の政策的研究』日本評論社。
村上泰亮〔1992〕『反古典の政治経済学』中央公論社。
安岡重明〔1998〕『財閥形成史の研究』ミネルヴァ書房。

柳町功〔2001〕「韓国財閥におけるオーナー経営の執拗な持続」松本厚治・服部民夫編『韓国経済の解剖―先進国移行論は正しかったのか』文眞堂。
楡光浩・鄭英一・李鐘燻・金栄圭・崔洗洸〔1992〕『米軍政時代の經濟政策』韓國精神文化院。
李圭億・李在亨〔1990〕『企業集団と經濟力集中』韓國開発研究院。
李承潤〔1974〕『韓國の金融制度と政策』法文社。
李素玲〔1985〕「韓国の官僚制―朴政権下での政治構造との関連性において」大内穂・下山瑛二編『開発途上国の官僚制と経済発展』アジア経済研究所。
李昌世〔1967〕『韓國財政の近代化過程』一潮閣。
李昌烈〔1963〕『韓國經濟の構造と循環 改訂版』ソウル韓國經濟問題研究所（一潮閣）。
─── 〔1965〕『韓國財政の近代化過程』博英社。
李鐘元〔1996〕『東アジア冷戦と韓日米関係』東京大学出版会。
李大根〔1987〕『韓國戦争と1950年代の資本蓄積』カチ。
─── 〔1990〕「解放後帰属事業体の実態とその処理過程」中村哲・梶村秀樹ほか編『朝鮮近代の経済構造』日本評論社。
─── 〔1994〕「韓国資本主義の性格に関して―国家独占資本主義論によせて」（原本：〔1985〕同名論文『創作と批評』秋号、創作と批評社）本多健吉監修『韓国資本主義論争』世界書院。
─── 〔2002〕『解放後・1950年代の経済―工業化の史的背景の研究』三星經濟研究所。
李秉喆〔1986〕『湖巌自伝』中央日報社。
李ハング〔1999〕『韓國財閥形成史』比峰出版社。
─── 〔2004〕『韓國財閥史』大明出版社。
李海珠〔1998〕『東アジア時代の韓国経済発展論』税務経理協会。
李憲昶〔1999〕『韓國經濟通史』法文社。
李容遠〔1999〕『第二共和国と張勉』ポム社。
梁官洙・文京洙・呉輝邦〔1992〕『最新ガイド・韓国社会論争』社会評論社。
林苗民〔1963〕『韓國の銀行史』ソウル韓國經濟問題研究所（一潮閣）。
連合軍参謀総本部〔1953〕『國防上からみた韓國經濟』。
渡辺利夫〔1978〕『開発経済学研究』東洋経済新報社。
─── 〔1982〕『現代韓国経済分析―開発経済学と現代アジア』勁草書房。
─── 〔1996〕『経済学と現代アジア 第2版』日本評論社。
渡辺利夫編〔1996〕『概説 韓国経済』有斐閣。
渡辺利夫・金昌男編〔1996〕『韓国経済発展論』勁草書房。
和田春樹〔1995〕『朝鮮戦争』岩波書店。
─── 〔2002〕『朝鮮戦争全史』岩波書店。
和田春樹・梶村秀樹〔1987〕「韓国における民主化と改憲運動」『「朝鮮問題」学習・研究シリーズ』「朝鮮問題」懇話会。
─────────〔1987〕『韓国民衆「新しい社会」へ』勁草書房。

参考文献一覧

Amsden, A. H. [1989] *Asia's Next Giant: South Korea and Late Industrialization*, Oxford University Press, New York.

Amin, Samir [1970] *L'Accumulation a l'échelle mondiale*, Editions Anthropos, Paris（第2分冊目：野口祐・原田金一郎訳〔1980〕『周辺資本主義構成体論』柘植書房。第3分冊目：原田金一郎・森川美和子訳〔1981〕『中心＝周辺経済関係論』柘植書房）。

―――― [1990] *Maldevelopment: Anatomy of a Global failure*, translated by Michael Wolfers, United Nations University Press and Zed Books Ltd, Editions Anthropos, Paris（久保田順・戸崎純・高中公男訳〔1996〕『開発危機―自立する思想・自立する世界』文眞堂）。

Balassa, B. [1971] "Reforming the System of incentive in Development Countries," *World Deveropment* (6): 6-82.

Bergsten, C. Fred and Sakong Lee(eds.) [1995] "The Political Economy of Korea-United States Cooperation", Institute for International Economics, Institute for Global Economics, Washington DC.

Bloomfield, Arthur I. and John P. Jensen [1950] *Chapter I, Recommendations Regarding Central Banking Reform in South Korea* (Arthur I. Bloomfield and John P. Jensen [1965] *Reports and Recommendations on Monetary Policy and Banking in Korea*, Reprinted by Research Department, Bank of Korea).

―――――――――――――― [1950] *Chapter II, Recommendations Regarding Reform of Other South Korean Financial Institutions* (Arthur I. Bloomfield and John P. Jensen [1965] *Repors and Recommendations on Monetary Policy and Banking in Korea*, Reprinted by Research Department, Bank of Korea).

Bloomfield, Arthur I. [1952] *Chapter III, Report and Recommendations on Banking in South Korea* (Arthur I. Bloomfield and John P. Jensen [1965] *Reports and Recommendations on Monetary Policy and Banking in Korea*, Reprinted by Research Department, Bank of Korea).

―――――――――― [1956] *Chapter IV, A Report on Monetary Policy and Banking in Korea* (Arthur I. Bloomfield and John P. Jensen [1965] *Reports and Recommendations on Monetary Policy and Banking in Korea*, Reprinted by Research Department, Bank of Korea).

―――――――――― [1960] *Chapter V, Report and Recommendations on the Korean Reconstruction Bank* (Arthur I. Bloomfield and John P. Jensen [1965] *Reports and Recommendations on Monetry Policy and Banking in Korea*, Reprinted by Research Department, Bank of Korea).

Cha, Dong-Se, Kwang Suk Kim and Dwight H. Perkins (eds.) [1997] *The Korean Economy 1945-1955: Performance and Vision for the 21st Century*, Korea Development Institute, Seoul.

Chang, Sea-Jin and Unghwan Choi [1988] "Strategy, Structure and Performance of Korea Business Groups: A Transactions Cost Approach," *Journal of Industrial Economics*,

37 (December).
────────────────────── [2003] *Financial Crisis and Transformation of Korean Business Groups : The Rise and Fall of Chaebols*, Cambridge University Press, Cambridge.
Coase, Ronald H. [1960] "The Problem of Social Cost," *Journal of Law and Economics*, 3.
Cole, D. C. and Y. C. Park [1983] *Financial Development in Korea, 1945-1978*, Harvard University Press, Cambridge, Mass.
Conde, David W. [1966] *A History of Modern Korea, 1 vols*, Copyright in 1967 in Japan and Korea by Taiheishuppansha (内山敏監訳 [1973]『現代朝鮮史 1』太平出版社)。
────────── [1966] *A History of Modern Korea, 2 vols*, Copyright in 1967 in Japan and Korea by Taiheishuppansha (内山敏監訳 [1973]『現代朝鮮史 2』太平出版社)。
────────── [1966] *A Histor y of Modern Korea, 3 vols*, Copyright in 1967 in Japan and Korea by Taiheishuppansha (内山敏監訳 [1973]『現代朝鮮史 3』太平出版社)。
Graham,Edward M. [2003] *Reforming Korea's Industrial Conglomerates*, Institute for International Economics, Washington DC.
Haggard, S. and C. Moon [1990] "Institutions and Economic Policy : Theory and a Korean Case Study," *The political Economy of the New Asian Indusutrialism*, Cornell University Press, Ithaca and London.
Hattori, T. [1984] "The Relationship between Zaibatsu and Family Structure : The Korean Case," in *Family Business the Era of Industrial Growth : Its Ownership and Management*, (eds.) by A. Okochi and S. Yasuoka, University of Tokyo Press, Tokyo.
Kim, Bun-Woong,D.S.Bell Jr., and Chong-Bum Lee (eds.) [1985] *Administrative Dynamics and Development*, The Korean Experience, Kyobo Publishing, Inc, Seoul.
Kim, Hyung-A. [2004] Korea's *Development under Park Chung Hee : Rapid industrialization, 1961-79*, Routledge Curzen, London.
Krueger, Anne O. [1979] *The Deveropment Role of the foreign Sector and Aid : Studies in the Modernization of Korea : 1945-1975*, Cambridge Massachusetts, Council on East Asian Studies Harvard University, Boston.
Krugman, P. [1994] "The Myth of Asia's Miracle," *Foreign Affairs*, Nov. /Dec.
Kuznetz, Paul W. [1994] *Korean Economic Development : An Interpretive Model*, Westport, Praeger Publishers, New York.
Lee, Sang M. [1989] "Management Styles of Korea Chaebols," in *Korean Management Dynamics*, (eds.) by H. Chung-Kae and Hak Chong Lee, Praeger, New York.
Minoguchi, T. [1979] "Economic Growth of Korea under the Occupation : Backgroud of Industrialization of Korea", *Journal of Economics* 2(1) : 1-19.
Park, Yung-Chul and Kim Dong-Won [1994] "Korea : Development and Structual Change of Banking System," in *The Financial Development of Japan, Korea, and Taiwan*, (eds.) by H. Patrick and Y. C. Park, Oxford Press, New York.

参考文献一覧

Rhee, Jong-Chan 〔1994〕 *The State and Industry in South Korea : The Limits of the Authoritarian State*, Routhledge, London.

Tasca, Henry J. 〔1953〕 "Special Representative of The President for Korean Economic Affairs : Relief and Recommendations", *in* the Report to the President.

Yasuoka, shigeaki 〔1986〕 "Comparison of Large Business Groups in Korea and Japan," in *Structure and Strategy of Korean Corpations*, (eds.) by H. C. Lee and K. H. Jung, Buqmunsa, Seoul.

―――――― 〔1989〕 "Japanese Zaibatsu and Korean Chaebol," in *Korean Managerial Dynamicos*, (eds.) by H. Chung-Kae and Hak Chong Lee Praeger, New York.

あとがき

　本書は、2005年3月横浜国立大学大学院国際社会科学研究科に提出した学位論文「援助経済下の金融制度改革と韓国特恵財閥の生成―韓国経済成長の制度的基礎条件の研究」を原型にして、一般読者をも念頭に大幅に書き改められたものである。

　本書執筆の主眼は、"1960年代の韓国の「高度経済成長」は当時の朴正熙政権が断行した「自由化・市場開放政策」の成果に拠る"とする一般認識に再検討を加えるところにあった。そしてこの作業を通じて、今日成功例とされる60年代の「韓国モデル」はそれに先立つ50年代の米国による対韓「制度移植」の「挫折」なしには成立し得なかった事実を明らかにしようとした。

　本書で述べてきたように、「金融制度改革」（あるいは「金融民主化」）の名のもとで行われた米国の「制度移植」の導入は、その意図とは反対に、強力な政治介入を伴った政府系長期金融機関「韓国産業銀行」の設立へと繋がり、「所有と経営の未分離」を特質とする韓国特有の「特恵財閥」を成立・肥大化させた。そしてこの「制度移植」の挫折は韓国政権と「特恵財閥」との人的癒着関係をいっそう深化させ、1950‒60年代の韓国経済を「矛盾をはらんだ成長」へと導いていった。この「思わざる結果」こそが、朴正熙軍事独裁政権下の高度経済成長を説明する最大の現象だったというのが本書の結論である。「特恵財閥」主導の60年代韓国経済の「漢江の奇跡」は、「制度移植」の導入・挫折の歴史的経緯のなかで再検証されなければならない。

　「ブルームフィールド勧告」の目的は米国型金融モデルに従って韓国に「金融民主化」を定着させるところにあった。しかし実際にはその意図に反して、米ソ冷戦構造のもと「東アジアの平和と安定」を謳う当時の米国の軍事的世界戦略を背景に「改革」は挫折し、しかもその挫折が韓国経済を"矛盾をはらんだ特異な発展パターン"へと導くこととなった。それは「改革の導入→挫折→思わざる結果」というプロセスをたどった点で、今日の世界の趨勢に通ずる「負の先駆例」をなす。

　今日、冷戦崩壊に始まる米国一極集中体制のなかで、経済のグローバル化は

「アングロサクソン型市場」の世界化として、すなわちより具体的には市場中心主義に基づく新自由主義的「制度改革」の他国(異文化圏)への「移植」として立ち現れ、被移植国内部にさまざまな歪みをもたらしている。日本の新自由主義的構造改革路線(「小さな政府」)の行き詰まりも、煎じ詰めれば対日現代版「制度移植」の帰結とみなし得る。また、国際通貨基金(IMF)や世界銀行のビッグバン・アプローチ(財政破綻国への財政援助が「民営化」などの市場化要求とセットで行われる方式)にみられる米国主導の「国際援助」は「経済民主化」という名の強引な「制度移植」として、あるいはイラクやアフガニスタンで行われている「戦後復興援助」もまさに米国型「制度移植」の典型としていまも深刻な不安定要因を生み出し続けている。

韓国経済が経験した歴史の連続性は、一国の特殊な問題としてではなく、このように「負の連鎖」へと導く"外部装置＝制度移植"それ自体がはらむ本源的な問題として把握されるべきものであろう。

米国の影響下にある各国政府が乗り超えるべき21世紀の課題、それは急進する経済のグローバル化への対応策として、個々の国々がいかに主体的な政策選択を行使し得るかという一言に集約される。

本書はこうした今日的課題に接近するための一つの解として、経済史的側面から問題提起を行った。読者の皆様から忌憚のないご批判を仰ぐ次第である。

本書出版のために格別の努力をいただいた新評論の山田洋氏に心より感謝申し上げたい。また、本書刊行に際しては「鎗田出版助成基金」の助成を得ることができた。同基金の設立者である鎗田邦男氏にも厚く御礼を申し上げたい。今日の出版事情を考えると、氏のご尽力なくして本書の刊行はとうてい不可能であった。そして、研究者として遅いスタートを切った筆者にとって誠に幸運だったのは恩師・植村博恭先生との出会いである。先生の御指導がなければ今日の私はなかったはずである。記して感謝申し上げたい。

2008年3月
横浜にて　　筆　者

本 書 関 連 年 表
(1950–60年代を中心に)

1945 年
- 8. 8　ヤルタ協定に基づき、ソ連が日本に宣戦布告
- **8.15**　日本敗戦、35年に及ぶ日本の植民地支配から朝鮮は解放、米ソ分割占領へ
- 8.16　米国、38度線以北をソ連の分担とすることを提案し、ソ連も了承
- **8.24**　ソ連軍、平壌に進駐し、朝鮮半島が南北に分裂
　　　　日本軍、各地で工場や鉱山を破壊しながら朝鮮半島から撤退
- 9. 8　沖縄を発った米軍の第24軍団、仁川港（ソウルから数マイル）に入港。ソウル進駐

1948 年
- **7.24**　李承晩が米国の支援のもと初代大統領に就任（国会議員による間接選挙）
- **8.15**　大韓民国（韓国）成立
- 8.24　海州（北朝鮮・黄海道）で南朝鮮人民代表者大会を開催
- 9. 9　朝鮮民主主義人民共和国（北朝鮮）成立
- 9.11　「韓米財政および財産に関する協定」締結
- 12.10　「大韓民国と米合衆国との援助協定」（韓米経済援助協定）調印
- 12.12　国連、大韓民国を朝鮮半島唯一の合法政府として承認

1949 年
- 1. 1　米国、大韓民国を正式に承認（初代大使、ムチオ（John J. Muccio））
- 1. 4　東京に駐日代表部を設置
- 2.10　韓民党、民主国民党に改編（委員長、申翼熙）
- 5. 1　全国人口調査（2016万6758人）
- **6. 7**　金度演・韓国財務部長官の要請により、米国政府は金融理論と実務に精通した専門家（アーサー・I・ブルームフィールドとジョン・P・ジェンセン）を韓国に派遣
- 6.21　農地改革法を公布
- 6.29　駐韓米軍、撤収完了（軍事顧問団は除く）
- 11.26　教育法制定（中・高分離、12月31日公布）
- 12.19　大韓青年団、結成（総裁、李承晩）
- 12.24　大韓国民党、発足（最高委員、尹致暎・李仁）

169

1950 年

- 1.10 現代建設、設立（現代自動車と現代土建社、合併）
- **1.26** 米国政府部内に「韓国経済安定委員会」を設置
  韓米相互防衛援助協定、締結
- 1.28 韓民党議員29人、内閣制改憲案を国会に提出（李承晩反対。3月13日、乱闘国会の中で否決）
- **2. 3** ブルームフィールド、ジェンセンが *Recommendations Regarding Central Banking Reform in South Korea*（通称「ブルームフィールド勧告」1）を発表
- **2. 4** 「韓国銀行法案」成立
- **3. 4** 韓国経済安定委員会、「経済安定15原則」を発表
- **3.14** ブルームフィールドとジェンセンが *Recommendations Regarding Reform of Other Korean Financial Institutions*（通称「ブルームフィールド勧告」2）を発表
- 4.10 農地改革断行（有償買入れ、有償分配）
- **5. 5** 「銀行法」公布、施行により、引締め的金融政策開始——「貸出最高限度額の設定」（同法第5章「銀行業務に対する統制」第30条の3）など
  「韓国銀行法」公布
- 5.30 第2代民議員（国会選挙）総選挙（李承晩大統領の与党国民党が大敗、無所属強勢）
- 6. 1 6年制義務教育、実施
- **6.12** 「韓国銀行法」施行
  韓国銀行設立、「金融通貨委員会」発足
- 6.19 第2代国会、開院（議長、申翼熙。副議長、張沢相・曺奉岩）
- **6.25** 朝鮮戦争勃発
- 6.27 国連安全保障理事会（国連安保理）、韓国派遣決議（賛成7、反対1、棄権2、欠席1）
  政府、大田に移転
- 6.27（および **7.7**） 国連安保理、韓国に対する経済的援助の一環として米国主導による「韓国民間救護計画」（CRIK）援助（50～56年）を可決
- 6.28 北朝鮮軍、ソウル占領
- 7. 1 国連安保理決議に基づき、米国の地上軍、釜山上陸
- 7. 7 韓国軍・米軍、国連軍に編入（国連軍司令官にマッカーサー元帥を任命）
- 7.16 政府、大邱に移転
- 7.20 北朝鮮軍、大田を占領（米軍ディーン少将、捕虜）
- 8.18 政府、釜山に移転
- 9.15 国連軍、仁川上陸作戦を開始
- 9.28 ソウル修復（李承晩・マッカーサー、北進を命令）
- **10. 1** 「政府帰属株・銀行株払下げ推進委員会」発足
- 10. 7 国連、韓国統一復興委員団（UNCURK）設置を決議

本書関連年表

10.19	韓国軍、平壌を占領（北朝鮮軍、新義州に移動）
10.25	中国軍、朝鮮戦争に介入
10.27	政府、ソウルに帰る
11.15	北朝鮮軍・中国軍、総反撃を開始
12. 1	国連決議により「国連韓國再建團」（UNKRA）結成

1951年

1. 4	「1・4後退」（政府、釜山に移転）
3. 6	国会、6・3・3・4学制法改定案を可決（3月27日、実施）
3.14	ソウルを再修復（北進命令）
4.11	国連軍、司令官マッカーサーを解任（後任、リッジウェイ）
4.15	北朝鮮、朝鮮戦争の平和的解決を国連に要請
6.23	マリク国連駐在ソ連大使、停戦会議を提案（参戦16ヶ国、受入れ）
7.10	開城で休戦会談、開催（〜26日）
9.10	李承晩大統領、休戦4大原則を提示（中国軍撤退、北朝鮮武装解除、国連監視下の総選挙など）
10.20	東京で第1次韓日会談（国交、在日韓国人の法的地位、漁業問題を論議）
10.25	板門店で休戦会談、再開
12.23	李承晩、自由党を創設

1952年

1.18	国会、第2次改憲案（大統領直接選挙制と国会両院制）を否決
	平和線（李承晩ライン）を宣言
3.下	ブルームフィールドが *Report and Recommendations on Banking in South Korea*（通称「ブルームフィールド勧告」3）を発表
4.17	国会議員123人、第3次改憲案を提出（責任内閣制）
4.25	全国の市・邑・面議員、選挙（最初の地方選挙）
5.10	第1回全国道議員選挙
5.14	政府、第4次改憲案提出（大統領直接選挙制と国会両院制）
5.24	「大韓民国と国連統一司令官の経済調整に関する協定」（「韓米経済調整協定」、通称「マイヤー協定」）締結
	「韓米合同経済委員会」成立
6.25	李承晩暗殺未遂事件、発生（「6・25」2周年記念式場にて）
6.30	民衆自決団、国会議事堂を包囲し、国会議員80人余りを軟禁
7. 4	抜粋改憲案、通過（大統領直接選挙制）
7.10	国会議長に申翼熙、副議長に曺奉岩・尹致暎を選出
8. 5	第2代大統領選挙（直接選挙。李承晩、曺奉岩を制して当選）
9. 1	徴兵制を実施
12.14	韓米経済協定に調印

12.15　ロバート・R・ネイサン協会会長のネイサン（Robert R. Nathan）が「ネイサン報告書」に基づく「5ヶ年計画」（53～57年）を策定。これは国連韓國再建團（UNKRA）による事業援助の一つ（「韓国経済再建計画」）として実施されることとなる（**1954.2.4**参照）。

1953年

1. 5　李承晩大統領、訪日（吉田首相と会談）
2.14　第1次緊急通貨改訂、実施（通貨を100：1にデノミ、圓〔エン〕を圜〔ホワン〕に改称）
2.15　緊急通貨措置令に基づく第1次通貨改革、実施（1ドル＝60ホワン）
3. 8　労働組合法、労働争議調整法、労働委員会法を公布
4. 7　ヘンリー・タスカ（Henry J. Tasca）を団長とする「特別経済使節団」（タスカ調査団）が米国において結成（タスカは後に「韓米合同経済委員会」の米国側代表。4月16日、同使節団が渡韓）
4.12　李承晩、休戦反対・単独北進を主張
4.15　東京で第2次韓日会談（韓国人の財産請求権、漁業問題等で対立し自然休会）
5. 5　国連韓國再建團（UNKRA）が「経済安定計劃遂行に関するUNKRA経済顧問團の覺書」を記し対韓援助の本格化を明言
5.11　米軍、北朝鮮の順安郡の牽龍貯水池を猛爆（～15日）
6. 3　李承晩、休戦協定前における韓米相互防衛協定の締結を主張
6. 5　「タスカ報告書」に基づく「3ヶ年・総合経済計画」（54～56年）発表
7.24　米対外活動局が「国防省防衛基金」（FOA、53～56年）を創設
7.27　朝鮮戦争の休戦協定が調印（於板門店）、南北合わせて120万以上の死者、1000万以上の離散家族を出す
7.29　アイゼンハワー米大統領がタスカ調査団による報告書（「タスカ報告書」）を国連議会に提出
8.15　ソウルに還都
8.21　韓米合同経済委員会の米国側代表テイラー・ウッド（C. Tayler Wood）が初代の経済調査官に任命され韓国に赴任
8.22　ウッドと白斗鎮・国務総理が経済再建と財政安定に向けた協議を開始
8.28　「国防省防衛基金」（FOA）援助物資の導入が始まる
9. 3　李承晩大統領、アイゼンハワー米大統領との特別談話を発表。戦後復興のため、李は10億ドル規模の5ヶ年援助計画を要求。対して、アイゼンハワーは「総合復興計画」（3～4ヶ年規模に縮小）を通じて援助を行うことを約束
10. 1　韓米相互防衛条約が締結（54年1月18日に発効）
10. 6　東京で第3次韓日会談（「朝鮮統治は朝鮮人に恩恵を与えた」という久保田貫一郎日本側主席代表の発言により決裂）
11.27　李承晩大統領、台湾訪問（蒋介石と反共共同戦線を結成）
12.14　韓米合同経済委員会協約（「白・ウッド協約」）調印。韓国経済の「引締め的

安定」を求めた米国は、国連韓國再建團（UNKRA）主導のもとで復興政策を実施すべきと明言。同要求はUNKRA事業援助として実現
　　　　同協約により、為替レート、1ドル＝180ホワンに改訂
　12.30　「韓国産業銀行法」公布、制定

1954年
　1.18　竹島（韓国名、独島）に領土表示（5月1日、民間守備隊を派遣）
　2. 4　ロバート・R・ネイサンが国連韓國再建團（UNKRA）団長のジョン・B・ゴルダー（John B. Golder）に「ネイサン報告書」を提出
　4. 3　「韓国産業銀行法」施行
　　　　「韓国産業銀行」設立
　4.26　ジュネーブ極東平和会議（国連参戦16ヶ国と韓国・北朝鮮・ソ連・中国が朝鮮半島統一問題を協議）
　5.20　第3代民議員選挙（金権・暴力選挙、自由党が第1党）
　5.22　ジュネーブ会談韓国代表・卞栄泰、14項目の統一案を提案
　5.31　「韓國経済援助計劃に関する大韓民國と國際聯合韓國再建團との協約」締結
　9.18　北朝鮮から中国共産党軍40万人が撤収
　10. 1　「政府帰属株・銀行株払下げ推進委員会」を政府部内に発足
　10.14　「政府帰属銀行株払下げ要綱」発表
　11.—　「政府帰属（銀行）株」第1次〜第6次公売、実施（いずれも流札）
　11.27　第2次改憲案（大統領重任制限撤廃）を否決
　11.29　民間銀行のすべてを政府管理のもとに置く「経済非常事態宣言」発令（〜55年7月4日）
　11.30　野党議員、護憲同士会を結成して反李承晩闘争に突入

1955年
　1. 7　中学校と高等学校の分離が決定
　5. 8　ソウルで洞長選挙
　5.31　韓米余剰農産物援助協定、調印
　8. 8　証券取引所、開場
　8.15　為替レート、1ドル＝500ホワンに改訂
　8.26　韓国、国際通貨基金（IMF）と国際開発銀行（IBRD）に加入
　9.18　民主党を創立（代表最高委員、申翼熙。国民党を母体、反李承晩）
　10.22　忠州肥料工場起工式
　12.15　国会の無所属クラブ、憲政同士会として発足
　　　　商業手形制を実施

1956年
　1. 2　第2与党の民正党、発起（最高委員、李範奭・張沢相）

2.3	政府、「経済復興6ヶ年計画」案を作成
3.5	自由党、大統領・副大統領候補に李承晩・李起鵬を選出
3.28	民主党、大統領・副大統領候補に申翼熙・張勉（ジョン・M・張）を選出
3.29	「政府帰属（銀行）株」第7次公売、実施（同7次公売は4月7日と4月12日にも実施）
3.31	進歩党準備委員会、大統領・副大統領候補に曺奉岩・朴己出を選出
5.15	第3代大統領として李承晩が当選、第4代副大統領として張勉が当選
8.3	「ブロクノウ委員会」（米国）が国家安全保障会議に最終報告書を提出（米国による援助計画の全般的な見直しを提言）
8.8	市・邑・面の長・議員選挙
8.13	ソウル市・道議選挙（不正選挙、蔓延）
9.28	張勉副大統領狙撃事件（副大統領選挙に敗れた李起鵬をはじめとする自由党の指示）
11.10	進歩党、創立（委員長、曺奉岩。幹事長、尹吉重。収奪のない計画経済、平和統一などの政治綱領を採択）
11.30	ブルームフィールドが A Report on Monetary Policy and Banking in Korea（通称「ブルームフィールド勧告」4）を発表
12.28	韓米経済会談開催。今後の経済援助のあり方を議論

1957年

1.13	儒道会の内紛、激化（李承晩を支持する非主流派が金昌淑委員長をはじめとする伝統派を追い出す。60年の「4・19学生革命」後、再び正統派が儒道会を掌握）
3.1	米使節団（ペアレス使節団、2月7日来韓）がアイゼンハワー米大統領に自立的な復興政策勧告（「ペアレス報告書」）を提出。対韓援助の見直しに伴う「財政金融の自主的安定化策」を提言
5.25	野党主催の奨忠壇時局講演会にテロ団が乱入（主犯の柳志光を12月5日逮捕）
9.26	聞慶セメント工場竣工
11.29	国連総会、朝鮮半島統一決議案を採択（国連監視下の自由選挙）

1958年

1.1	協商選挙法が国会通過（言論報道規制条項で言論基本法を制約）
1.13	進歩党事件（曺奉岩など進歩党幹部を国家保安法違反容疑で拘束）
2.22	韓国国会、国連軍参加16ヶ国に対し「朝鮮休戦協定破棄勧告」を決議
3.1	産業開発委員会を設立
5.2	第4代民議員総選挙（自由党129、民主党79、無所属27）
6.7	第4代民議員、開院（議長、李起鵬）
7.11	民主党、政治資金と関連した産業銀行不正貸出を暴露
10.30	米国、対韓借款を564万ドルと決定

本書関連年表

11.18 政府、国家保安法改正案を国会に提出
11.20 農業協同組合中央会、発足
12.24 「保安法騒動」(武装警備300人で野党議員を監禁し保安法他27議案を強行可決)

1959年
1. 5 新保安法反対デモ、全国で起こる
1.22 反共青年団が結成
4. 1 「経済開発7ヶ年計画」(60〜66年)構想発表(同7ヶ年計画のうち約半分が「経済開発3ヶ年計画」(60〜62年)による「総合開発事業計画」構想に充当)
4.30 最大の野党紙『京郷新聞』に閉刊命令
7.31 曹奉岩(1898〜)、国家保安法違反嫌疑で死刑施行
10.26 全国労協(全国労働組合協議会)結成
11.26 民主党、正副大統領候補に趙炳玉・張勉を選出

1960年
1.29 民主党大統領候補・趙炳玉、病気治療のため渡米
2.15 民主党大統領候補・趙炳玉(1894〜)、死亡
3.15 第4代大統領選挙(李承晩、当選)、第5代副大統領選挙(李起鵬、当選)
「3・15不正選挙」(民主党が選挙無効宣言、投票率94.3%、馬山で不正選挙糾デモ)
3.18 野党民主党、国会で選挙無効を宣言し総退場。与党自由党、野党議員の退場後、正副大統領の当選を公布
4.15 国務会議、「経済開発3ヶ年計画」構想を修正採択
4.18 高麗大学生、決起(40人余り、負傷)
4.19 「4・19学生革命」(大学生と市民2万人余りがデモ、142人死亡〔警察発表〕、ソウルをはじめ5大都市に非常戒厳令)
4.23 張勉副大統領、辞任
4.24 李承晩大統領、自由党総裁を辞退
李起鵬副大統領、辞任宣言(4月28日自殺。1896〜)
4.25 ソウル市内の大学教授団400人余り、デモ(李承晩の下野を要求)
4.26 李承晩大統領、下野(5月29日ハワイ亡命)
デモ群衆、10万人に増加
4.27 李承晩大統領、辞表を提出(第4代大統領選挙が無効となり許政が大統領代行に就任)
4.28 議院内閣制に移行し許政過渡内閣が成立
5. 1 過渡政府、3・15選挙の無効を確認
5.22 韓国教員労組連合会、結成
6. 5 「3・15不正選挙」関連者を拘束
6.15 責任内閣制改憲案、国会を通過・公布(第2共和国成立)

6.19　アイゼンハワー米国大統領、訪韓
7.23　全国銀行労組連合会、結成
7.29　元副大統領の張勉（ジョン・M・張）指導の内閣責任制（民議院と参議院からなる二院内閣制）のもと、第5代民議員総選挙が施行。張勉の民主党が過半数を確保（233議席中、172当選）
8.12　民・参議院合同会議で第4代大統領選挙が間接選挙形式により再度行われ、新第4代大統領に尹譜善を選出（13日就任）
8.13　参議院議員総選挙、施行。民主党が過半数を確保（58議席中、29当選）
8.19　国会、張勉国務総理指名（23日、内閣成立）「経済第一主義」（「新経済開発5ヶ年計画」）を発表
8.26　ブルームフィールドが *Report and Recommendations on the Korean Reconstruction Bank*（通称「ブルームフィールド勧告」5）を発表
10.11　「4・19学生革命」時の負傷学生、国会解散を要求して議事堂を占拠
11.23　第4次改憲が民議院を通過（28日、参議院通過）
11.25　大韓労総と全国労協、韓国労働組合総連盟（韓国労連）に統合
12.15　市・邑・面議員選挙
12.29　特別市長・道知事選挙

1961年
1. 1　為替レート、1ドル＝650ホワンを1000ホワンに改訂
1. 8　革新党、結成（代表委員、張沢相）
1.21　統一社会党、結成（代表、李東華）
2. 2　為替レート、1ドル＝1300ホワンに改訂
2.21　革新系政党・社会団体、中立化統一連盟を結成（永世中立化を主張）
2.25　民族自主統一中央協議会、結成
4.17　「3・15不正選挙」関連者に有罪を宣告
5.16　「5・16軍事クーデター」（軍事革命委員会議長、陸軍参謀総長の張都暎。副議長、朴正熙少将）、全国に非常戒厳令を宣布
5.18　張勉内閣、総辞職
5.19　朴正熙が臨時政府（正称「軍事革命委員会」）を設置（尹譜善は大統領職を留任）
5.20　最高権力機関として国家再建最高会議が成立（63年12月6日解体）
5.21　布告令第6号を公布（政党及び社会団体に解散令）
6.10　国家再建最高会議法、中央情報部法、農漁村高利債整理法公布
7. 1　国家再建最高会議が「総合経済再建企画委員会案」を発表。
7. 2　朴正熙、国家再建最高会議議長に就任
7. 3　反共法、公布
7. 6　「ソ連・北朝鮮相互援助条約」（軍事同盟）がモスクワにて調印
7. 9　張都暎中将などを反革命容疑で逮捕

本書関連年表

- 7.22 経済企画院発足、院長に金裕澤就任
- 8. 1 中小企業銀行発足
- 8.29 韓国労働組合連盟（韓国労総）を結成（御用労働団体）
- 9. 1 経済企画院により「第1次経済開発5ヶ年計画」成案
- 11.12 朴正熙議長、池田首相と会談、第2次会談開催・財産請求権・平和線問題について討議（池田首相と韓日国交正常化で合意）
- 11.14 朴正熙議長、ケネディ米大統領と会談
- 12.20 外資導入促進委員会、設立

1962年
- 1. 5 「第1次経済開発5ヶ年計画」（～66年）発表
- 3.16 政治活動浄化法、公布（4374人の政治家の政治活動を規制）
- 3.22 尹譜善大統領、下野
- 3.24 朴正熙、大統領権限を代行
- 5. 5 「韓国銀行法改正法律」公布
- 5.24 「韓国銀行法改正法律」施行
  「金融通貨運営委員会」発足（前身は「金融通貨委員会」）
- 6.10 第2次緊急通貨改訂、実施（通貨を10：1にデノミ、ホワンをウォンに改称。1ドル＝130ウォン）
- 6.18 「借款に対する支払保証に関する法律」と「長期決済方式による資本財導入に関する特別措置法」議決
- 8. 2 『韓国日報』筆禍事件（社会労働党準備説記事で社長など4人を拘束）
- 8.27 セナラ自動車工場竣工
- 12. 5 戒厳令、解除
- 12.17 第5次改憲案（大統領中心制、一院制）国民投票（可決、26日公布）
- 12.26 対日請求権問題、妥結（無償供与3億ドル、借款3億ドル提供）
- 12.29 内閣首班所属下に「輸出振興会」を新設

1963年
- 1. 1 民間人の政治活動禁止を解除
- 1. 9 商工部、輸出実績（リンク制）による輸入許可及び証手続を発表
- 2.26 民主共和党、創立（総裁、鄭求瑛）
- 3. 6 中央情報部、4大疑惑事件（証券ショック、ウォーカーヒル事件、セナラ自動車事件、パチンコ事件）への関与を公表（中央情報部が民主共和党に政治資金を準備するために起こした事件）
- 3.16 政党活動の停止、言論・出版・集会を制限する非常事態収拾のための臨時措置法を公布（軍政4年延長）
- 7.18 民生党、創立（代表、朴順天）
- 9. 3 自民党、創立（委員長、金俊淵。大統領候補、宋堯讚）

10.15	第5代大統領選挙により朴正熙が当選
11.25	朴正熙、ジョンソン米大統領と会談
11.26	第6代国会議員選挙（野党分裂により民主共和党圧勝、総議席175のうち110議席。投票率69.8%で史上最低、同党支持率33.5%）
12. 7	新政府の機構、確定（1院・13部・3処・5庁、副総理制を新設）
12.17	民主共和党党首として大統領選に立候補し当選した朴正熙が、第5代大統領に就任（第3共和国）、新憲法発効、第6代国会、開院（議長、李考祥）

1964年

1.15	民主党、三粉暴利事件（三粉産業〔セメント・原糖・小麦粉〕系財閥と民主共和党とのあいだに発生した政治献金汚職事件）を暴露
3. 9	野党・各界代表200人余りが「対日屈辱外交反対汎国民闘争委員会」を結成
3.12	総投資額を1658億ウォン縮小させた5ヶ年計画の補完作業完了
3.24	ソウル市立大学の学生5000人余りが、韓日会談反対デモを行い全国に拡大
5. 3	為替レート引下げ（1ドル＝255ウォン）、変動相場為替制実施
5. 7	蔚山製油工場竣工
6. 3	「6・3事態」（1万人余りの学生が対日屈辱外交に反対し、朴正熙退陣を要求。ソウル一帯に非常戒厳令が宣布される）
6.24	商工部、輸出振興総合施策を発表
9. 2	国会、「輸出産業工業団地造成法（案）」通過
9.23	経済閣議、日本から2000万ドルの借款受託を決定

1965年

1.15	「第2次経済開発5ヶ年計画」原案に着手
1.27	国会、ベトナム派兵同意案通過
2.11	朝鮮興業銀行・第一銀行取締役が、6大財閥に対する金融特恵で更迭
5. 3	民主党・民正党、統合して民衆党を創立
5.19	朴・ジョンソン大統領会談、1億5000万ドルの開発援助を獲得
6.22	韓日基本条約が調印（於東京、「対日請求権資金」は無償3億ドル、有償2億ドル、その他商業借款5億ドル以上で決着）
7. 3	「外資導入法」成案
7.19	李承晩（1875〜）がハワイで死去
8.12	民衆党議員61名が韓日基本条約に抗議して総辞職
8.13	国会、野党欠席のまま韓日基本条約批准案を議決
9.30	金利現実化政策（預金年30%、貸出年26%）
12.18	韓日基本条約批准書が交換（韓日国交正常化）

1966年

2.15	民主党の強行派、新韓党発起（3月30日創立。大統領候補、尹譜善）

本書関連年表

2.28　年平均7％成長を目標とした「第2次経済開発5ヶ年計画」の最終案成案
6. 4　張勉（1899～）死亡
7. 9　韓米行政協定、締結（韓国側の裁判権を事実上、放棄。10月14日国会、批准。67年2月9日発効）
10. 1　総人口2819万4379人
11.14　「中小企業基本法」国会を通過
12.19　商工部、67年度輸出目標を達成するため合板、セーターなど26品目を輸出戦略商品に選定

1967年
1.30　韓国外勤換銀行、開店
2. 7　新韓党・民衆党が統合、新民党が発足
3. 7　政府、関税と貿易に関する一般協定（GATT）、加入決定
3. 9　革新政党の大衆党が結成（10月維新後、解体）
4. 1　九老洞輸出工業団地、竣工
5. 3　第6代大統領選挙（民主共和党の朴正熙当選、7月1日就任）
6. 8　第7代国会議員選挙（不正選挙で民主共和党が圧勝、野党が選挙無効を宣言）
6.29　金融通貨運営委員会、輸出金融金利を年6.5％から6％へ引下げ
7. 3　大学生1万4700人余りが、不正選挙糾弾デモ
7. 7　政府、総合製鉄工場立地を浦項に、石油化学工業団地を蔚山に確定
7.25　貿易制度、ネガティブ・リスト方式採用
8. 9　第1次韓日閣僚会談（於東京、商業借款2億ドルを韓国に供与）
10. 3　浦項製鉄、起工

1968年
1.21　「1・21事態」（青瓦台に進入した31人の武装共産ゲリラのうち、28人を射殺）
2. 1　京釜構想道路、起工（70年7月7日、竣工）
3. 1　政府、機械工業育成基金（39億ウォン）の設置を決定
3.30　機械工業振興法、公布
5.11　政府、「造船工業振興法改正（案）」を作成
5.29　政府、「第2次経済開発5ヶ年計画」を実施するなか、投資を50％に上方修正
5.30　金鐘泌・民主共和党議長は脱党とともに全公職の辞任を宣言
7.31　「電子工業振興5ヶ年計画」（69～73年）発表
8.24　統一革命党事件（158人検挙、50人拘束）
10.31　東洋最大級の双竜セメント東海工場、竣工（年産170万トン）
11.21　住民登録証の発給、開始

1969年
6. 4　第1次不実企業体整理、断行

6.11	前民主共和党議員18人を、スパイ容疑で拘束
6.19	3選改憲反対の学生デモが勃発
7.21	京仁高速道路、開通
9. 6	新民党、朴大統領弾劾訴追決議案を国会に提出
9.14	民主共和党、3選改憲案を強行通過
9.16	政府、馬山に輸出自由地域設置を決定
10.17	改憲国民投票実施、第6次改憲（3選改憲案）可決（投票率77.1％、賛成票755万、反対票363万。27日、公布）
11.28	電子工業振興法、公布
12. 3	日本、浦項製鉄所建設資金の出資に合意

1970年

4.22	セマウル運動（韓国の農村近代化運動）、開始
7. 7	京釜高速道路、開通
10.31	国土総合開発10ヶ年計画、確定

1971年

2. 9	「第3次経済開発5ヶ年計画」発表
4.27	第7代大統領選挙（朴正煕が当選）
5.25	第8代国会議員選挙（民主共和党113、新民党89、他2。7月26日開院）
12. 6	朴正煕、国家非常事態、宣布

1972年

7. 4	「7・4南北共同声明」
8. 3	緊急経済措置、発表（企業財務構造の強化、物価安定、国際収支の改善）
10.17	10月維新を宣言（戒厳令を宣布、国会解散、大学休校）
11.21	第7次改憲案（維新憲法）国民投票（改憲反対禁止の理由により可決）
12.23	朴正煕候補、統一主体国民会議により第8代大統領に当選
12.27	維新憲法を公布 朴正煕、第8代大統領に就任（第4共和国）

1973年

2.27	第9代国会議員選挙（民主共和党73、新民党52、統一党2、無所属12）
3. 3	韓国放送公社（KBS）発足
3.10	維新政友会、創立
4. 6	「緊急経済措置」（72年8月3日）に基づく「4.6措置」により73名（81社）に及ぶ企業経営者が反社会的企業人として告発される
6.23	朴正煕、「6・23平和統一宣言」
8. 8	金大中拉致事件

本書関連年表

1974年
- 8.15 「8・15狙撃事件」(朴大統領の夫人、陸英修が撃たれる)
- 8.22 金泳三を新民党総裁に選出
- 11.27 民主回復国民会議、発足

1975年
- 2.12 維新体制に反対か賛成かの国民投票(賛成73%)
- 5.13 緊急措置9号宣布(維新憲法批判・改正禁止)
- 7.16 社会安全法、制定(時局事犯の社会復帰を閉鎖、〜89年)
- 12.31 国産自動車1号ポニーを生産

1976年
- **6.18** 「第4次経済開発5ヶ年計画」発表
- 9.15 新民党、合同全党大会(集団指導体制を採択、代表に李哲承)

1977年
- 3.9 カーター米大統領、駐韓米地上軍の段階的撤収案、発表
- **12.22** 年間輸出、100億ドルを達成

1978年
- 7.6 統一主体国民会議、第9代大統領に朴正熙を選出(単独候補)
- 12.12 第10代国会議員選挙(新民党32.8%、民主共和党31.7%)

1979年
- **4.17** 「経済安定化総合施策」発表
- **10.26** 「10・26事態」(金載圭中央情報部長、朴正熙大統領を殺害)
- 10.27 崔圭夏総理、大統領権限代行に就任、済州道を除く全国に非常戒厳令を宣布
- 11.3 朴正熙大統領(1917〜)、国葬
- 12.6 統一主体国民会議、崔圭夏・第10代大統領を選出
- 12.12 「12・12クーデター」(保安司令官の全斗煥、林正熙の暗殺犯である金載圭を逮捕・処刑するなど暗殺事件の捜査を指揮。さらに新軍部とともに鄭昇和戒厳令司令官を逮捕)

1980年
- 2.29 尹譜善・金大中など、678人、復権
- 5.17 新軍部、非常戒厳令を全国に拡大、政治活動中止、金大中・金鐘泌などを連行、大学を休校
- **5.18** 「5・18」光州民主化運動
- 5.27 戒厳軍、光州を掌握

5.31　国家保衛非常対策委員会（国保委）を設置（常任委員長、全斗煥。民主化運動弾圧、公務員粛正、言論統廃合などを断行）
8.16　崔圭夏大統領、下野
9. 1　全斗煥、第11代大統領に就任
10.22　第8次改憲案（第5共和国憲法）国民投票（91.6%賛成）
10.27　民主共和党、解散

1981年
1.15　民主正義党、創立（総裁、全斗煥）
1.17　民主韓国党、創立（総裁、柳致松）
1.23　韓国国民党、創立（総裁、金鐘哲）、民権党、創立（総裁、金義沢）
1.24　非常戒厳令、解除
3. 3　全斗煥、第12代大統領に就任（第5共和国）
3.25　第11代国会議員選挙（民正党、過半数確保）
8.21　「第5次経済開発5ヶ年計画」発表

1982年
3.18　釜山米国文化院放火事件（「米軍は出て行け」との主張により米国文化院に火をつけデモ）
12.23　金大中、刑の施行停止で釈放（米国に出国）

1983年
1.11　中曽根康弘、日本総理として初めて訪韓
9. 1　大韓航空機、ソ連戦闘機に撃たれる
9.22　大邱米国文化院放火事件
10. 9　ラングーン事件

1984年
5.18　民主化推進協議会（民推協）、発足
9. 6　全斗煥大統領、訪日
11.15　第1回南北経済会談を開催（板門店）

1985年
1.18　新韓民主党（新民党）を創立（総裁、李敏雨）
2.12　第12代国会議員選挙（民正党32.8%、新民党29.4%）
3. 1　金哲、革新政党の社会民主党を創立

1986年
5. 3　「5・3事態」（在野・学生・労働者5000人余り、新民党の改憲推進委・仁川

本書関連年表

　　　　支部結成大会で激しいデモ）
　9.16　「第6次経済開発5ヶ年計画」発表

1987年
　4.13　全斗煥大統領、「4・13護憲措置」を発表
　5. 1　統一民主党創立（総裁、金泳三）
　6.10　6月抗争開始（全国の18都市でデモ）
　　　　民正党、全党大会、盧泰愚代表委員を大統領候補に指名
　6.29　「6・29宣言」（盧泰愚・民正党代表委員、直接制への改憲と民主化措置を約束）
　10.27　直接制の改憲案、国民投票で通過（賛成93.1％）
　10.30　新民主共和党、創立（総裁、金鍾哲）
　11. 9　民主党、金泳三総裁を大統領候補に推薦
　11.12　平和民主党、創立（総裁、金大中）
　11.29　大韓航空機爆破事件
　12.16　第13代大統領選挙（盧泰愚、当選）

1988年
　2.25　盧泰愚、第13代大統領に就任（第6共和国）
　4.26　第13代国会議員選挙（少数与党・多数野党＝与小野大）
　9.17　第24回ソウルオリンピック（～10月2日）
　11.23　全斗煥前大統領、不正蓄財と利権介入の発覚により私財を国庫献納し隠遁生活に入る

1989年
　7. 7　韓国の全国大学生代表者協議会（全大協）と北朝鮮の朝鮮学生委員会、「南北朝鮮学生共同声明文」を発表
　9.11　盧泰愚大統領、「朝鮮民族共同統一案」を発表

1990年
　2. 9　民主自由党（民自党）、創立（民主正義党・統一民主党・新民主共和党が統合）
　4.21　大学生・在野団体3000人余り、延世大学で国民連合（民自党一党独裁と民衆基本権獲得国民連合を結成）
　8.20　盧泰愚、「南北間の民族大交流のための特別宣言」を発表
　9.30　ソ連と国交樹立
　12.13　盧泰愚大統領、ソ連訪問（～17日）

1991年
　3.26　基礎議員（市・郡・区議員）選挙（地方自治制、30年ぶりに復活）

- 4. 9 平民党と新民主連合、新民主連合党（新民党）に統合（総裁、金大中）
- 4.20 ゴルバチョフ・ソ連大統領、訪韓（盧大統領と会談）
- 6.20 広域議員（市・道議員）選挙（民自党圧勝）
- 9.10 新民党と民主党、統合宣言
- 9.17 韓国・北朝鮮、国連に同時加盟
- **11.12** 「第7次経済開発5ヶ年計画」発表
- 12.13 第5次南北高位級会談（「和解と不可侵に関する南北基本合意書」を採択）

1992年

- 2. 8 鄭周泳現代グループ名誉会長、統一国民党を創立
- 2.18 第6次南北高位級会談（平壌、南北基本合意書と非核化共同宣言）
- 3.24 第14代国会議員選挙（民自党、過半数に達せず）
- 8.23 中国と国交樹立
- 9.27 盧泰愚大統領、訪中
- 11.17 新韓国党、創立（代表、李鐘賛）
- 12.18 第14代大統領選挙（金泳三当選、金大中、政界引退宣言）

1993年

- 2.25 金泳三、第14代大統領に就任（「文民統制」を標榜）
- **7. 2** 「新経済開発5ヶ年計画」（～97年）発表（2年ほど執行された後に放棄）。これは「第8次経済開発5ヶ年計画」に相当するもの
- 8. 7 大田エキスポ（～11月7日）
- **12.15** ウルグアイ・ラウンド交渉、妥結（米市場開放。総理、米市場開放の責任を取って更迭）

1994年

- 7. 8 北朝鮮・金日成主席（1912～）、心筋梗塞で死亡
- 10.21 聖水大橋崩壊（32人死亡）
- **12.16** 国会、世界貿易機関（WTO）への加入・批准などの議案を通過
- **12.23** 政府組織再編により経済企画院と財務部が統合、財政経済院が発足

1995年

- 3. 9 朝鮮半島エネルギー開発機構（KEDO）発足
- 3.30 自由民主連合（自民連）、創立（総裁、金鐘泌）
- 6.27 地方自治制選挙
- 6.29 三豊デパート崩壊（死亡・行方不明928人）
- 9. 5 新政治国民会議、創立（総裁、金大中）
- **10.28** 年間輸出、1000億ドルを突破
- 11. 8 国連安保理の非常任理事国入り

本書関連年表

- 11.16　盧泰愚・前大統領を拘束
- 12. 3　全斗煥・前大統領を拘束
- 12. 6　民自党、新韓国党に改称

1996年
- 4.11　第15代国会議員選挙（新韓国党34.5％、新政治国民会議25.3％）
- 9.10　排他的経済水域（EEZ）法、発効
- **12.12**　経済協力開発機構（OECD）に加入

1997年
- 1. 1　総人口4575万人
- **3.19**　三美グループ、倒産
- **8.25**　大農グループ、解体
- **9. 8**　真露グループ、不渡り
- **9.22**　起亞グループ、4系列社の和議を申請
- **11. 1**　ヘテ・グループ、和議を申請
- 11. 3　「デジュン―ジョンピル＝民主党と自民連の協力体制」（DJP）協力（国民会議・自民連、金大中を大統領単一候補に決定し内閣制への改憲に合意）
- 11. 4　李仁在・京畿道知事、国民新党を創立
- 11.16　新韓国党と民主党、ハンナラ党に統合
- **11.17**　都市銀行5行が外貨決算不能に陥りウォンが急落。外貨取引が中断
- **11.19**　韓国政府、金融市場安定化策を発効
- **11.21**　韓国政府、IMFに支援を要請
- **12. 2**　総合金融9社、営業停止
　　　外貨準備高60億ウォン（10月末比、163億ウォン減）
- **12. 3**　IMFとのあいだで緊急資金支援が合意（210億ドルの融資が決定）
- **12. 5**　高麗証券、不渡り
- **12. 7**　韓拏グループ、不渡り
- 12.18　第15代大統領選挙（金大中当選、最初の与野党政権交替）
- **12.21**　IMF、緊急資金195億ドル支援（返還困難としてIMF管理体制導入）
- **12.31**　「韓国銀行法」改正
　　　「金融通貨運営委員会」の名称を「金融通貨委員会」に戻し、組織改正

1998年
- 2.25　金大中政権スタート（「国民の政府」を標榜）
- **4.14**　金融・企業構造改革促進法案を発表
- 6. 4　第2回全国同時地方選挙
- 8.29　国民会議と国民新党、統合を宣言
- **9. 3**　5大財閥の8業種間のビッグディール（大企業間の主要事業交換）調整案を

　　　　発表
　9.29　23銀行の不良債権9兆1000億ウォンを買入れ
　10.20　日本の大衆文化第1次開放を発表（世界4大映画祭受賞作品と雑誌）

1999年
　2.13　失業者178万人で最高水準（失業率8.6%）
　8.10　大宇グループ、ストライキ（金宇中会長、退陣）
　9.10　日本の大衆文化、第2次開放（国際映画祭受賞作）

2000年
　1.21　新千年民主党、創立（総裁、金大中。代表、徐英勲）
　4.13　第16代国会議員選挙（ハンナラ党133、新千年民主党115、自民連17）
　6.13　第1回南北首脳会談、開催（～14日、平壌）
　6.15　「南北共同声明」
　6.27　日本の大衆文化、第3次開放（「映像物等級委員会」が認めた映画）
　11. 8　大宇自動車、不渡り
　12.10　金大中大統領、ノーベル平和賞授賞

2001年
　3.29　仁川国際空港、開港
　8.23　IMF管理体制から脱却
　9.21　大宇自動車、GMに売却
　10.15　小泉首相、訪韓
　11.27　韓国政府、テロ対策としてアフガニスタンへの軍派兵を決定

2002年
　5.31　韓日ワールドカップ開催（ブラジル優勝、韓国4位）
　6.13　京畿道で女子中学生2名が米軍装甲車に轢き殺される（米兵2名無罪判決、11月20日）
　9.29　釜山アジア競技大会（～10月14日）
　12. 7　米軍装甲車による事件を受け、ソウル市民2万人が米大使館前でローソクデモ
　12.19　韓国大統領選挙（盧武鉉候補1202万票、李会昌候補1144万票）

2003年
　2.18　大邱地下鉄1号線放火事件（192名死亡、148名負傷）
　2.25　盧武鉉、第16代大統領に就任
　3.21　韓国政府、平和再建を理由としてイラクへの軍派兵を決定
　6. 6　盧武鉉大統領、訪日
　11.11　ヨルリン・ウリ党（ウリ党）、創立（議長、鄭陳泳・04年1月11日就任）

本書関連年表

2004 年
1. 1　日本の大衆文化、全面開放（アニメなどは除く）
3.12　韓国国会、①大統領の事前選挙運動、②側近の不正、③経済破綻を理由として、盧武鉉大統領に対する弾劾訴追案を可決（盧武鉉大統領、職務停止。高建首相、大統領代行に就任）
4. 1　韓国高速鉄道（KTX）が開業
4.15　第17代国会議員選挙、与党ウリ党が圧勝（５月20日、盧武鉉大統領、ウリ党に入党）
6. 5　ラムズフェルド米国防長官、在韓米軍の大幅な改編計画を発表
8. 2　在韓米軍第２歩兵師団のうち、第２旅団3600名をイラクに派兵
9.30　対日貿易赤字が200億ドル突破、史上最高を記録

2005 年
1.27　韓日国交回復40周年を記念した「韓日友情の年」、開幕式典（ソウルロッテホテル）
5.24　朴槿恵・ハンナラ党代表、北京で胡錦濤中国国家主席と会見
7.16　李氏朝鮮最後の直系子孫、李玖（1931～）が滞在先の東京のホテルで死去
11.12　第17回「アジア太平洋経済協力会議」（APEC）が釜山で開催（～20日）

2006 年
2. 3　韓米両国、２国間貿易や投資障壁を取り払う韓米自由貿易協定（FTA）推進を正式発表
5.20　朴槿恵・ハンナラ党代表が支援演説中に襲われる
5.31　統一地方選挙にて、ハンナラ党は16市・道のうち12市・道で勝利。与党ウリ党は全羅北道のみ勝利。230ヶ所の市長・郡守・区長選では、当選20ヶ所という史上最悪の惨敗を喫す
10.13　潘基文・外交通商部前長官が第８代国連事務総長に選出

2007 年
4. 2　韓米両国、FTA 締結
8.20　ウリ党、解散
10. 2　第２回南北首脳会談、開催（～４日、平壌）
12.19　韓国大統領選挙、保守系野党ハンナラ党の李明博・前ソウル市長が勝利

＊本年表は主に以下の資料を参考に筆者が作成した。
　服部民夫編『韓国の工業化―発展の構図』アジア経済研究所、1991
　李海珠『東アジア時代の韓国経済発展論』税務経理協会、1998
　金徳珍『年表で見る韓国の歴史』明石書店、2005
　文京洙『韓国現代史』岩波書店、2005
　「朝鮮日報」「東亞日報」「中央日報」やインターネット上の各記事

事 項 索 引

略号

CRIK（Civil Relief In Korea）援助➡韓国民間救護計画援助

ECA（Economic Cooperation Administration）➡米経済協力局（国務省）

FOA（Foreign Operation Administration）援助➡国防省防衛基金援助

FRB（Federal Reserve Board）➡米連邦準備制度理事会

IMF（International Monetary Fund）➡国際通貨基金

UNKRA（UN Korea Reconstruction Agency）➡国連韓國再建團

ア行

悪性インフレーション　55, 56
圧縮された産業発展パターン　11, 15, 21, 35, 36, 42, 132, 143, 150, 151, 153, 154
圧縮された成長➡圧縮された産業発展パターン
アングロサクソン型市場　9, 74, 126, 150, 168

一面戦争・一面再建　60, 61
インフレ・スパイラル　54, 111
インフレ抑制（策）　62, 70, 114, 117

援助経済（体制）　14, 25, 50, 60, 71, 73, 78, 79, 84, 90, 94, 95, 97, 108, 109, 118, 121, 141, 167

大蔵省（日本）　52, 62, 87, 136

カ行

外貨蓄積　94, 130
階級闘争論　26
開発独裁（体制）　19, 34
貸出最高限度額の設定　114
株式（市場の）民主化政策　83, 99
「漢口の奇跡」　15, 130, 131, 152, 167
韓国銀行　10, 52, 53, 55, 56, 62, 71, 72, 87, 99, 111, 117, 124, 132, 133, 136, 137
――――法　62, 75, 78, 114, 117, 132, 133, 136, 138
韓国経済安定委員会　64, 112-5
韓国経済再建計画　38, 91, 118, 139
韓国財務部➡政府財務部
韓国産業銀行　10, 71-5, 119-25, 127, 137-40, 151, 167
――――法　71, 119, 121, 137, 138
韓国資本主義論争（韓国社会性格論争、韓国社会構成体論争）　12, 18-21, 24, 25, 42, 79, 153
韓国社会構成体論争➡韓国資本主義論争
韓国社会性格論争➡韓国資本主義論争
韓国民間救護計画（CRIK）援助（米国）　95, 96
「韓国モデル」　15, 130, 131, 134, 142, 152, 167
関税障壁　36, 130
間接金融　10, 13, 14, 22, 24, 49, 62, 64, 75, 87, 101, 126, 151
韓日併合　19
韓米経済調整協定（マイヤー協定）　70, 109, 116
韓米合同経済委員会　68-70, 116
――――――――協約（白・ウッド協約）　70, 96, 109, 116, 118
韓米財政および財産に関する協定　112, 135
官僚支配的な金融構造　136

旧財閥系企業（日本）　83
旧財閥系銀行（日本）　83, 87
旧中央銀行（朝鮮銀行）解体案　56
巨額融資　117
銀行株　23, 43, 48, 99-101
――――払下げ　43, 44, 49, 67, 101, 151
銀行相互持合い株（相互銀行株）　23, 67, 68, 99
銀行法　114, 132, 136, 138
均衡財政　38, 58, 70, 87, 88, 110, 112, 125

緊縮財政　15, 64, 70, 89, 116
金星、金星財閥（金成坤代表）94, 103, 104
金融改革、金融制度改革（勧告、勧告案）8,
　9, 10, 12, 22-5, 31, 42, 44, 48-54, 56, 71, 73-5,
　78, 87, 88, 99, 100, 108, 109, 111, 123, 125,
　131, 132, 135-7, 151, 167
―――――――――の挫折、崩壊、失敗
　13, 49, 78, 98, 101, 135
金融関連二大法制　132, 138
金融機関主導（型）14, 79, 82, 83, 85, 86, 89,
　102
金融健全化　64, 112, 113, 125, 138
金融節度➡マネタリー・ディシプリン
金融通貨委員会　10, 11, 13, 52, 53, 58, 59-63,
　71, 73-5, 78, 87, 88, 98-100, 123, 124, 127,
　132, 133, 136, 138
金融通貨運営委員会　133
金融の脱植民化　52
金融引締め策（引締め策）58, 83, 88, 111, 113,
　135
金融腐敗　62
金融民主化　9, 10, 13, 15, 23, 49, 50, 51, 58, 61,
　62, 69, 73-5, 78, 87, 88, 98, 100, 101, 114, 117,
　121, 123, 125, 127, 135, 144, 150, 151, 167
金利規制権　56

グローバル・ポリシー　81
軍事革命委員会　131

計画性ある自由経済体制　73, 141
経済安定15原則　64, 109, 112-5
経済開発3ヶ年計画　40
経済開発7ヶ年計画　38, 40
経済制度改革勧告　78
経済第一主義（「新経済開発5ヶ年計画」の項
　も参照）40, 73, 123, 141, 142, 144
経済的自立（性）➡自立（的、型）経済
経済のグローバル化　8, 167, 168
経済非常事態宣言　23, 68
経済復興6ヶ年計画案　38
経済（の）民主化　14, 74, 78, 81, 87, 102, 168
契約概念　9
系列融資（日本）86, 104

権威主義的な体制　34

5.16軍事クーデター　27, 40, 130, 131
光州事件　18
「工場」払下げ　43
高度経済成長　11, 19, 20, 35, 36, 42, 43, 91,
　130, 143, 150, 153, 167
合理的個人像　9
国際通貨基金（IMF）130, 143, 168
国内市場の自由化　130
国防省防衛基金（FOA）援助（米国）95, 96
国連韓國再建團（UNKRA）15, 38, 69, 70, 91,
　92, 97, 117, 118, 139, 140
―――――――――事業援助　95-7,
　142, 144
個人主義的伝統　9, 126, 150
国家再建最高会議　132
国家独占資本主義（論）12, 13, 18-21, 26-8,
　33, 34, 80, 153

サ 行

財政膨張（「膨張財政」の項も参照）50, 56,
　117
財政・金融民主化改革　69
財政節度　56, 57
「財閥」オーナー（一族）100, 101, 140
財閥解体（日本）14, 81-3, 89, 102, 103
財閥復活（日本）13, 83, 86, 89, 103, 104
在来型財閥（和信グループ、三養グループ、大
　韓グループ、開豊グループなど）68
坂本、坂本財閥（徐甲虎代表）94, 103, 104
3ヶ年・総合経済計画➡タスカ報告書
産業開発委員会　40
産業資本家層　27, 29
三護、三護財閥（鄭載護代表）66, 94, 103,
　104, 143
三星、三星財閥（李秉喆代表）48, 67, 94, 103,
　104
サンフランシスコ講和条約（日本）85

市場開放政策　11, 15, 35, 130, 131, 142, 143,
　152, 167
市場（中心）主義　8, 38, 42, 69, 109, 116, 168

190

事項索引

市場メカニズム機能　63
支配従属（説）　28, 78, 79, 98, 152
支配—従属関係➡従属支配
事変特別会計　115
資本市場中心の金融システム　63
資本主義社会論　19
資本主義段階的発展論　19
資本制的ウクラード　31
資本の原始的蓄積期　26
指名割当制　100
シャウプ税制勧告（日本）　14, 51, 85, 86, 102, 135
「従属→停滞」　79, 80, 103, 153
「従属→矛盾をはらんだ成長」　79, 80, 103, 153
従属国　27, 32
従属支配（支配—従属関係）　28, 29, 32
従属性　78, 80, 102
従属的国家独占資本主義　20, 33, 34, 43
従属的発展　31, 153
（新）従属理論　21, 32, 79, 152
集中排除法の指定　83
周辺部資本主義（国、社会構成体）　12, 13, 18-21, 28-34, 49, 78-80, 82, 102, 103, 152-4
―――論　12, 18, 19, 28, 30, 31, 79, 153
自立（的・型）経済　14, 40, 60, 69, 71, 73, 78-81, 83, 86, 87, 94, 97, 101, 102, 118, 119, 137, 141, 152
準周辺部（semi-periphery）的存在　28
植民地工業化（政策、時代）　19, 26
植民地社会構成体　26
植民地（／）半封建社会　19, 20, 29, 30, 32, 43, 153
植民地半封建社会構成体（論）　13, 20, 30, 31, 34, 37, 153
「所有と経営の未分離」　8, 9, 13, 14, 24, 25, 42, 49, 50, 64, 79-81, 84, 89, 96-8, 101, 103, 140, 152, 153, 167
新経済開発5ヶ年計画　40, 123, 141, 142
新興財閥　68, 69
新興商人　22, 48, 49, 68, 75, 82, 100, 101
新古典派開発論　21, 34, 35, 38, 42, 150
新古典派経済学　9
新自由主義　16, 168

信託銀行株　67, 99
人的癒着（癒着関係、癒着構造）　14, 15, 21, 27, 43, 49, 56, 57, 62, 63, 80, 84, 89, 90, 96, 103, 137, 140, 151, 152, 167
信用政策　70
信用統制　61, 62, 117

西欧型システム　18
政財界（の）癒着　8, 10, 13, 14, 21, 31, 48, 63, 80, 87, 89, 101, 125, 143, 144, 151, 152
政策介入（・誘導）　110, 115, 118, 119, 125, 126
政策的連続性　15, 38, 131, 135, 139, 144
政治的独裁（性）　18, 59, 75
制度移植（策）　8, 9, 11-6, 18-20, 22, 24-9, 31, 34, 36, 42-4, 51, 53, 74, 75, 78, 89, 108-10, 114, 118, 121, 125-7, 135, 144, 150-4, 168
―――（の）挫折、崩壊、失敗　8, 9, 25, 27, 29, 34, 38, 43, 44, 101, 150, 151, 153
制度改革　50, 75, 89, 168
政府帰属（銀行）株　10, 12, 13, 22-4, 48, 63, 67, 68, 75, 99-101, 127
―――・銀行株払い下げ推進委員会　67
―――払下げ　21-3, 29, 64, 69, 75, 83, 100, 101, 151, 153, 154
政府帰属銀行株払下げ要綱　23, 68
政府帰属財産　12, 21-3, 48, 63, 82
―――払下げ　22, 31, 48, 50, 79, 80, 82, 89, 140
政府系（長期）金融機関　10, 49, 71, 72, 114, 119, 123, 137, 139, 151, 167
政府財務部（韓国財務部）　58, 59, 62, 66, 72, 74, 87, 119, 124, 133, 135, 136, 138
政府向け融資の規制　61
世界銀行　130, 168
前資本主義社会構成（体）　31, 32
戦前型自立的財閥（日本）　84

総合開発事業計画　15, 38, 40, 42, 70, 71, 91, 118, 119, 121, 125, 131, 132, 134, 135, 137, 139-42, 144, 152
相互銀行株➡銀行相互持ち合い株
双竜財閥（金星から改称、金錫元代表）　94,

103, 104

タ行

第1次緊急通貨および金融措置　62
第1次経済開発5ヶ年計画　11, 15, 21, 27, 35, 38, 42, 130, 133, 134, 141, 142, 144, 151
第一精糖（のちの三星）　67, 103, 104
大韓民国と国連統一司令官の経済調整に関する協定（韓米調整協定、マイヤー協定）　116, 135
大韓民国と米合衆国との援助協定（韓米経済援助協定）　135
対共産圏（軍事）戦略　26, 80, 81, 89, 102, 108, 118
対政府融資規制権　57
対米従属（性、型）　29, 32, 79, 153
大陸兵站基地化政策　31
タスカ調査団　38, 69, 91, 116
タスカ報告書（3ヶ年・総合経済計画）　38, 69, 70, 109, 116, 118, 125
単一為替レートの早期設定　70, 117

中央銀行改革（案、構想）　114, 115
中央銀行の（政治的）独立性　10, 62, 110, 115, 121, 132, 134, 136
中心部資本主義（国、社会構成体）　12, 20, 28-30, 32, 34, 42, 49, 78-80, 102, 103, 136, 153
朝鮮銀行　54-7, 75, 87, 111, 136
朝鮮戦争　10, 15, 29, 38, 48, 52, 60, 62, 64, 70, 71, 74, 81, 83, 86, 88, 94-7, 109, 112, 115, 117, 118, 125, 130, 136-40
─────特需（日本）　14, 86
直接金融　10, 13, 14, 22, 24, 26, 49, 62-4, 75, 87, 99, 126, 150, 151

通貨危機　143
通貨供給量規制権　56

帝国主義段階　27

東洋、東洋財閥（李洋球代表）　94, 103, 104
特殊発展論　19
特別経済使節団➡タスカ調査団

特恵関税　26, 80, 94, 101, 102, 151, 152
特恵財閥　10, 13-6, 22-4, 26, 28-31, 34, 36, 38, 42-4, 64, 68, 69, 72, 75, 80, 84, 100-3, 137, 140, 143, 144, 150-4, 167
独裁政権、独裁政治　8, 9, 27, 42, 61-3, 67-9, 71, 73, 75, 78, 80, 88, 100, 102, 103, 108, 126, 127, 132, 140, 150, 153, 167
ドッジ・ライン（日本）　14, 78, 83, 102, 135

ナ行

内発的（経済）発展　14, 15, 86, 102

日本経済の自立促進　89
日本（型）財閥（「財閥解体」「財閥復活」の項も参照）　14, 89

ネイサン報告書　38, 70, 91, 95, 97, 109, 118, 119, 139
ネガティブ・リスト方式　35

ハ行

ハイパー・インフレーション　15, 50, 54, 58, 69, 88, 108, 114, 126, 151
「反共の砦」　8, 14, 20, 25, 48, 49, 98, 108, 110, 144
半封建社会構成体　26

引締め策➡金融引締め策
引締め的安定（策、論）　14, 15, 58, 108-12, 114, 115-8, 121, 125-7, 135, 151
ビッグバン・アプローチ　113, 168
ピラミッド型金融　49, 75, 87

ブルームフィールド勧告　9, 11, 13, 22, 44, 48, 50, 52, 54, 73-5, 87, 98-100, 108-10, 114, 117, 118, 123, 127, 136, 150, 151, 153, 167
ブロクノウ委員会（米国）　121
分断国家　8, 14, 27, 28, 81, 98, 108

米軍政、米軍政府　22, 26, 27, 52, 63, 74, 82, 108, 110, 112, 126
米経済協力局（ECA）　59, 64, 135, 136
─────────使節団　11, 51, 108, 112

事 項 索 引

米国型金融制度　10, 50, 51, 53, 110, 126, 151
米国型金融モデル（システム）　8, 10-4, 22, 29, 43, 53, 57, 63, 74, 167
米国型スポット取引中心の資本市場　22
米連邦準備制度理事会（FRB）　10, 11, 49, 51, 53, 73, 75, 78, 87, 108, 123, 124, 127, 135

貿易・資本の自由化　130
包括的所得税（日本）　85, 86
封建制的ウクラード　31
封建的政治支配　27
膨張財政、膨張主義、膨張政策　14, 15, 70, 88, 108, 112, 114, 118, 125, 127
放漫財政　15, 57, 73, 83, 116
暴力的開発　34
保護特恵　85
ポジティブ・リスト方式　35

マ行

マーシャル・プラン（欧州経済復興計画）　50, 78, 108, 135, 137
マネタリー・ディシプリン（金融節度）　55, 126

民族資本　10, 21-3, 34, 48, 49, 68, 72, 75, 80, 82, 84, 96, 100, 101, 126, 151
─── 育成路線　21
民族主義的願望　28
民族主義的自立経済　28, 132
民族主義路線　34
民族統一　28

「矛盾をはらんだ成長」　9, 16, 78, 80, 81, 101, 131, 135, 143, 150, 153, 167

メイン・バンク（制）（日本）　86, 102

持合い株➡銀行相互持合い株

ヤ行

融合経済　73, 141
融資管理（機能、能力）　56, 57
輸出志向型工業化政策　15, 35, 36, 38, 42, 90, 94, 130, 134, 142, 150, 152
輸出主導型資本　36
癒着関係、癒着構造➡人的癒着
輸入数量割当制　15, 35, 130
輸入代替工業化政策　25, 35, 36, 42, 44, 60, 84, 90, 94, 97, 130, 142, 150

4・19学生革命　27, 73, 122, 131

ラ行

楽喜、楽喜財閥（具仁会代表）　94, 103, 104
ラテンアメリカ経済の従属性　32

冷戦構造、冷戦体制　14, 48, 78, 80-2, 88, 89, 98, 167
隷属資本　13, 29-31, 43, 153
連邦準備制度理事会➡米連邦準備制度理事会

ロバート・R・ネイサン協会　118

ワ行

ワングループ・ワンセット（日本）　102

人名索引

ア行

アイゼンハワー、ドワイト・D（Eisenhower, Dwight D.） 69, 70, 116
アミン、サミール（Amin, Samir） 21, 32, 33, 78, 80, 102, 103, 152, 153
尹譜善（ユン、ポソン） 131, 132
ウッド、C・テイラー（Wood, C. Tayler） 70, 116
奥村宏 104

カ行

梶村秀樹 13, 20, 21, 26, 29-32, 34, 43, 48, 153
金成坤（キム、ソンゴン） 103
具仁会（ク、インフェー） 103
権寧旭（クォン、ニョンウク） 19, 79
ゴルダー、ジョン・B（Golder, John B.） 70, 118

サ行

坂田幹男 21, 33
シャウプ、カール・S（Shoup, Carl S.） 51, 85, 86
ジェンセン、ジョン・P（Jensen, John P.） 11, 13, 22, 43, 49-55, 58, 59, 62-4, 69-75, 78, 87, 110, 114, 135, 137, 153
徐甲虎（ソ、カプホー） 103

タ行

タスカ、ヘンリー・J（Tasca, Henry J.） 69, 70, 116
張勉（張、ジョン・M／チャン、ミョン） 40, 73, 123, 131, 140, 141
鄭載護（チョン、スンホー） 103
ドッジ、ジョセフ・M（Dodge, Joseph M.） 51

ナ行

ネイサン、ロバート・R（Nathan, Robert R.） 70, 118

ハ行

白斗鎮（ペク、トゥジン） 70
ブルームフィールド、アーサー・I（Bloomfield, Arthur I.） 11, 13, 22, 23-6, 31, 43, 49-59, 61-4, 67, 69, 71, 73-5, 78, 87, 88, 98-101, 108, 110, 114, 115, 117, 121, 123-5, 135, 137, 138, 167
朴一（パク、イル） 21, 33
朴玄埰（パク、ヒョンチェ） 18-20, 26, 28, 79
朴正煕（パク、チョンヒ） 11, 15, 19-21, 27, 28, 34, 35, 42, 60, 71, 75, 94, 97, 130-4, 139-44, 150, 152, 167
本多健吉 20, 21, 30, 31, 33, 34, 43

マ行

マイヤー、クラレンス・E（Mayer, Clarence E.） 116

ラ行

李承晩（イ、スマン） 10, 12, 14, 15, 21-7, 38, 40, 43, 48, 49, 57, 59, 60, 63, 64, 68, 69, 71, 73, 75, 78, 80-4, 88-90, 94, 95, 98, 100, 101, 108, 112, 115-9, 120, 122, 125-7, 131, 132, 135-40, 141, 144, 150, 152, 154
李大根（イ、デグン） 18-20, 27-9, 34, 79
李秉喆（イ、ビョンチョル） 67, 103
李洋球（イ、ヤング） 103

ワ行

渡辺利夫 35

著者紹介

内橋賢悟（うちはし・けんご）
1961年神戸市生まれ。横浜国立大学大学院国際社会科学研究科博士課程後期修了。博士（学術）。専攻、韓国経済論・日韓比較経済史・比較経済制度史学。戸板女子短期大学国際コミュニケーション学科非常勤講師、流通科学大学助手などを経て、現在、横浜国立大学経済学部非常勤講師。米国による対日・対韓政策を比較検討するため、1950年代に焦点を定め、両政策導入・挫折の歴史的経緯を研究している。米国による当時の対日「制度移植」政策が世界戦略上の「転換」を経て挫折したように、米国による同時期の対韓「制度移植」政策も同様に挫折を余儀なくされたとの見地から、「特恵財閥」主導の韓国型開発政策は「移植策」挫折の上に成立したとの歴史的認識論に立つ。本研究の主たる目的は、こうした世界的趨勢の「負の先駆例」をまず50年代経済に視点を据えて解明し、「グローバル化」の名のもと、米国による他国への「市場化要求」という今日的テーマに対する解への示唆とするところにある。

50-60年代の韓国金融改革と財閥形成
―「制度移植」の思わざる結果

（検印廃止）

2008年4月15日　初版第1刷発行

著　者　内　橋　賢　悟
発行者　武　市　一　幸
発行所　株式会社　新　評　論

〒169-0051　東京都新宿区西早稲田3−16−28
http://www.shinhyoron.co.jp

TEL 03（3202）7391
FAX 03（3202）5832
振替 00160-1-113487

定価はカバーに表示してあります
落丁・乱丁本はお取り替えします

装　幀　山　田　英　春
印　刷　新　栄　堂
製　本　河　上　製　本

© Kengo Uchihashi 2008

Printed in Japan
ISBN978-4-7948-0763-2

社会・文明

人文ネットワーク発行のニューズレター「**本と社会**」無料配布中。当ネットワークでは，歴史・文化文明ジャンルの書物を読み解き，その成果の一部をニューズレターを通して紹介しながら，これと並行して，利便性・拙速性・広範性のみに腐心する我が国の人文書出版の現実を読者・著訳者・編集者，さらにできれば書店・印刷所の方々とともに考え，変革しようという会です。

中野憲志編／藤岡美恵子・LEE Heeja
金朋央・宋勝哉・寺西澄子・越田清和・中野憲志
制裁論を超えて
四六 290頁 2730円
ISBN978-4-7948-0746-5 〔07〕

【朝鮮半島と日本の〈平和〉を紡ぐ】「北朝鮮問題」の解明と解決のために，「核」や「拉致」の裏側にある日本の植民地主義，差別主義を批判し，東アジアの市民連帯を模索する。

湯浅赳男
「東洋的専制主義」論の今日性
四六 354頁 3465円
ISBN978-4-7948-0741-0 〔07〕

【還ってきたウィットフォーゲル】『オリエンタル・デスポティズム』の著者ウィットフォーゲルの"人と思想"に光をあて，東アジアにおける〈大陸・半島・列島〉の応酬の核心に迫る。

藤岡美恵子・越田清和・中野憲志編
国家・社会変革・NGO
A5 336頁 3360円
ISBN4-7948-0719-8 〔06〕

【政治への視線／NGO運動はどこに向かうべきか】国家から自立し，国家に物申し，グローバルな正義・公正の実現をめざすNGO本来の活動を取り戻すために今何が必要か。待望の本格的議論！

オックスファム・インターナショナル／渡辺龍也訳
貧富・公正貿易・NGO
A5 438頁 3675円
ISBN4-7948-0685-X 〔06〕

【WTOに挑む国際NGOオックスファムの戦略】世界中の「貧困者」「生活者」の声を結集した渾身レポート！WTO改革を刷新するビジョン・政策・体制への提言。序文＝アマルティア・セン

K.ドウキンズ／浜田徹訳
遺伝子戦争
四六 170頁 1575円
ISBN4-7948-0657-4 〔06〕

【世界の食糧を脅かしているのは誰か】バイオテクノロジー産業の私益追求市場主義を許す恐るべき国際食糧供給体制の現実に迫る。食と消費行動のあり方が問われる真の理由。

江澤誠
〈増補新版〉
「京都議定書」再考！
四六 352頁 3045円
ISBN4-7948-0686-8 〔05〕

【温暖化問題を上場させた"市場主義"条約】好評『欲望する環境市場』に，市場中心主義の世界の現状を緊急追補。地球環境問題を商品化する市場の暴走とそれを許す各国の思惑。

白石嘉治・大野英士編
ネオリベ現代生活批判序説
四六 264頁 2310円
ISBN4-7948-0678-7 〔05〕

市場の論理に包摂された我々のオネリベ（ネオリベラリズム）化した日常的感性と，蒙昧なオネリベの教義を徹底批判。インタビュー＝入江公康，樫村愛子，矢部史郎，岡山茂。

内橋克人／佐野誠編
「失われた10年」を超えて──ラテン・アメリカの教訓①
ラテン・アメリカは警告する
四六 356頁 2730円
ISBN4-7948-0643-4 〔05〕

【「構造改革」日本の未来】「新自由主義（ネオリベラリズム）の仕組を見破れる政治知性が求められている」（内橋）。日本の知性 内橋克人と第一線の中南米研究者による待望の共同作業。

安原毅
メキシコ経済の金融不安定性
A5 304頁 4200円
ISBN4-7948-0599-3 〔03〕

【金融自由化・開放化政策の批判的研究】90年代メキシコ経済の構造変化，新自由主義政策の功罪をポスト・ケインジアン経済学，内生的貨幣供給論により分析！大来賞受賞。

佐野誠
開発のレギュラシオン
A5 364頁 3600円
ISBN4-7948-0403-2 〔98〕

【負の奇跡・クリオージョ資本主義】南米アルゼンチンの分析を通し，従来の開発論に一石を投じた野心作。「政治経済進化」の多様性を解明する現代経済学の先端課題に挑戦！

岡本哲史
衰退のレギュラシオン
A5 288頁 4700円
ISBN4-7948-0507-1 〔00〕

【チリ経済の開発と衰退化1830─1914年】制度・構造諸形態の及ぼす負の効果を《衰退のレギュラシオン》と呼び，繁栄の中に存在していた一国の衰退的諸要因を論理的に解明！

価格税込